JN021656

トヨタ必須の17の品質管理手法を伝授

品質の教科書

皆川一二

一流の技術者から本物の品質力を学ぶ

日経BP

17の品質管理手法

1. QCストーリー

2. KPT（けぷと）

3. 自工程完結

4. 新製品品質保証システム

5. 重点管理

6. デザインレビュー（DR）

7. 品質保証会議（次工程移行可否判定会議）

8. なぜなぜ分析

9. 品質機能展開（QFD）

10. QC7つ道具・新QC7つ道具

11. 多変量解析

12. 実験計画法

13. 設計FMEA（DRBFM）

14. FTA

15. 信頼性設計・信頼性試験

16. 工程FMEA

17. QAネットワーク

はじめに

　品質は日本企業の生命線、品質力なくして明日はない──。

　振り返ってみると、私の技術者としての人生は「品質」を維持すべく悪戦苦闘した日々でした。

　縁あって自動車部品メーカーのデンソー（当時は日本電装）に入社し、私は開発設計者として新しい製品を開発するために奔走してきました。世界の競合に打ち勝つべく、画期的な機能や性能を目標に掲げ、その高い壁を乗り越えてきたつもりです。しかし、常に我々の前に立ちはだかったものがあります。それが品質です。

　品質は製造業にとって「生命線」ともいわれます。その通りです。画期的な機能や性能を備えた製品は素晴らしい。しかし、少しでも品質に難点があれば、全て台無しになってしまいます。それはなぜか──。お客様の期待を裏切ってしまうからです。

　多くの企業が「品質が大切だ」と口にします。しかし、実態が伴っている企業は一体どれくらいあるのでしょうか。残念ながら、私はそれほど多くはないとみています。というのは、職業柄、たくさんの企業に指導をしてきましたが、品質管理手法を適切な箇所で適切に活用している企業が極めて少ないことを知ったからです。

　トヨタ自動車グループ（以下、トヨタグループ）では、あまたある品質管理手法のうち、17の品質管理手法をどのプロセスでどのように使うかが明確に決められています。開発設計プロセスの中にそれらが織り込まれており、そのルール通りに使わなければ、次の

工程に進むことができません。すなわち、ものづくりが止まってしまうのです。形だけの取り組みも許されません。きちんと実践した証拠を示すことを求められるからです。

　大切なのは中身です。品質管理手法を形だけ実践しても何の意味もありません。本質を押さえた上で、目的に沿って活用しなければならないのです。例えば、品質不具合を未然に防ぐ「FMEA（故障モード影響解析）」を実施しましたかと聞くと、多くの企業が「実施した」と言います。しかし、よく聞いてみると設計した本人がワークシートを作成して済ませたというケースが多い。これでは想定外の品質不具合が発生する危険性が高くなります。設計者1人だけでは、想定する品質不具合に限界があるからです。

　これに対し、トヨタグループでは、開発設計部門だけではなく、品質保証部門や生産技術部門、製造部門、検査部門と、異なる複数の部門からメンバーが参加して、FMEAを実践することが必須となっています。異なる専門家の視点を入れることで、想定外の品質不具合を「想定内」にできる確率がぐっと高まるからです。

　品質力とはすなわち、ものづくりにおける正しい場所で適切な品質管理手法をきちんと使える力と言い換えることができます。これを実践せずに、品質力を語る資格はありません。

　随分と厳しいことを述べました。しかし、かく言う私も、開発設計者時代は失敗をたくさん経験しました。今でも覚えているのは、スズキ会長の鈴木修氏から叱責されたことです。「故障率をここま

で小さく抑えますので、よろしいでしょうか」と承認を得ようとしたところ、「1つでも故障があれば、そのお客様にとっての不具合は100%だ！」と一喝されました。同氏の真っ赤な顔を見て、自分はお客様の立場に立って品質を見ていなかったと猛省しました。

　2017年に、製造業で戦後最大の経営破綻が起きました。エアバッグの開発・生産を手掛けるタカタです。この原因はエアバッグ破裂事故、すなわち品質トラブルにありました。インフレーターが異常破裂するという品質問題が、1兆円を超える巨額の負債を生み、超優良企業だったタカタを破綻に導いたのです。

　これを対岸の火事だと言い切れる日本企業は一体どれくらいあるのでしょうか。明日は我が身と危機感を抱かない企業は、ひょっとすると明日にでも品質トラブルでつまずくかもしれません。

　品質力を磨き、高品質で世界で勝ち抜ける日本企業が少しでも増えてほしい。そうした思いから本書を執筆しました。品質とは何かという根本的なところから、品質管理手法の具体的な使い方まで詳細に分かりやすく紹介したつもりです。あなたの仕事の品質力を高めることに少しでも貢献できたら、それに勝る喜びはありません。

　「品質力」なくして、技術者とはいえない──。この言葉を全ての技術者に贈ります。

第1章

揺らぐ日本メーカーの品質

第2章

第3章

第4章

第5章

第6章

第7章

第8章

揺らぐ日本メーカーの品質

　「高品質」とは日本企業の製品の"代名詞"といわれ、総じて世界から高い評価を得てきた。だが、リコールや品質トラブルの増加や、品質不正問題の発生など、ここにきて日本企業の品質が変調を来してきたようにも見える。日本企業の品質に何が起きているのか。皆川氏に聞いた。

（聞き手は近岡 裕＝日経クロステック編集）

　—— 高品質をうたってきた日本メーカーの品質を不安視する声がいろいろな所から聞こえてきます。日本メーカーの品質をどう見ていますか。

皆川　このまま放っておけば、日本メーカーの品質は「ある日突然崩壊してもおかしくない」といった状況です。まず、品質をつくり込むために必要な品質管理手法（以下、品質手法）をきちんと学んでいない日本企業が多い。また、たとえ品質手法を知っていたとしても、その手法の根底にある「本質的な考え」をしっかりと押さえていないケースが目に付きます。

　例えば、品質に関する不具合を未然に防止する手法に DRBFM（Design Review Based on Failure Mode）があります。DRBFM ではワークシート（帳票）を作成します。「部品名/新規点・変更点と目的」や「役割（機能）」、「変更に関わる心配点（故障モード）」、「心配点はどんな場合に生じるか（影響）」、「心配点を除くためにどんな設計をしたか」、「処置」……といった項目を埋めていきます。

　問題は、これらの項目を記載して満足してしまうこと。つまり、ワークシートを作成して「終わりました」と安心してしまう技術者がいることが問題なのです。DRBFMの本質は**デザインレビュー（DR；設計審査）**です。ワークシートを作成してからDRのための議論をスタートさせることが主体なのです。なぜそうした設計をしたかについて徹底して議論することが大切なのに、「資料を作って終了」ということでは全く意味がありません。

　これと似たようなことが品質手法全般にいえます。これでは各品質手法を少々かじっていたとしても、設定や条件を少し変えると活用できない。応用が利かないのです。

全体最適の視点がない

―― なぜ、そうした状態になっているのでしょうか。

皆川　残念ながら、品質手法を全く学んでいないところが中小企業を中心に目立ちます。顧客である大手企業から指導された通りにやれば済んできたのかもしれません。しかし、指導されている内容の本質を理解せずに言われたことだけを実行して満足しているようでは、例えば自社ブランドの製品を造る際など、大手企業の指導が得られないと痛い目に遭う可能性があります。

　一方、大手企業では品質手法を学んでいるところが珍しくありません。しかし、高い品質を満たすために必要な品質手法を網羅しているケースは少ないようです。教育の機会があっても希望制であることが多く、受講した人と受講していない人とで大きな差が出るようです。実

際、管理職（課長）でありながら QC7 つ道具 を知らない人に会って、驚いたことがあります。

　必要な品質手法を一通り学ぶ機会がある企業に対しても、私は懸念を抱いています。それは、「全体最適の視点」で学んでいる企業が少ないことです。つまり、各品質手法が全体の中でどのような位置付けにあり、優先順位はどうなっているかといったことを習得している人が今、大変少なくなっています。設計者はものづくりの司令塔です。部分的に知っているだけでは、優れた司令塔にはなれません。各品質手法の本質を理解することはもちろん、全体最適の視点で品質手法を捉えておかなければ、関連部署に的確な指示を出すことができません。

「気付き力」が落ちている

―― 1つひとつの品質手法について本質を押さえつつ、場面に応じて最適なものを選んで使えるようになることが大切。しかし、それができていないということですか。

皆川　私が心配に思っていることはまだあります。気付く力、すなわち気付き力が落ちていること。これは自動化が進んでいることが大きな原因の1つです。例えば、3次元 CAD を使った設計。多くの設計者が、例えば応力解析をする際に、3次元 CAD に組み込まれた解析ツールを使います。アイコンなどを押すだけで自動的に結果が出てしまう。

　解析ツールを使うなというつもりは全くありません。むしろ使わなければ、短い納期や試作レスが求められる現在のものづくりの世界を生き残ることは困難でしょう。そうではなく、自動的に処理することに頼り

すぎてしまうと、表層的な理解にとどまってしまう危険性があるということです。新しい製品を設計したところ、応力集中が発生した。それに対して、上司や顧客から「なぜ」と問われたときに答えられない技術者が増えつつあるのです。

　一人前の設計者であれば、解析する前に応力集中が発生しやすい形状であることに気付かなければなりません。「あれ？　何か変だぞ？」と。こうした「気付き力」が日本企業の技術者の中で弱っていると私は感じるのです。

　この点を改善するために、私は気付きノートを作ることを提案しています。小さいことで構わないので、日々の業務の中で「問題だな」「しっくりこないな」などと気付いたことを日々そのノートに記していくのです。毎日訓練することで、技術者としての「気付き力」は徐々に向上していきます。

品質は嘘をつかない

――　製造業では近年、品質に関してデータ偽装や不正といった深刻な問題が露呈し、社会問題に発展するケースが目立っています。

皆川　納期やコストなど顧客からの要求が厳しい中で、何とか無事に検査や審査を通り抜けたいという心情が働くのでしょう。論理的に解釈できないデータが見つかった。でも、これを考慮すれば納期に間に合わず、顧客の生産ラインを止めてしまうかもしれない。どうしよう？「ええい、このデータは例外として無視してしまえ」と。

　しかし、こうした行動は許されるものではありません。もう一度計測

し、原因を調べて品質を確保した上で、さらに納期も確保すべきです。簡単ではありませんが、これも品質を確保するための本質的な考えをきちんと理解していれば乗り越えることが可能です。

　私がデンソーにいた頃の話です。ある自動車部品に組み込むブラケットで振動試験を実施しました。品質保証部門が「問題なし」と判断してくれたのですが、試験後のブラケットを詳細に観察したところ、実は小さなクラック（亀裂）があることを発見しました。そこで、私たち開発設計者の方で「これはダメだ」と判断し、プレス成形メーカーに行って金型を修正してもらいつつ、納期を間に合わせたことがあります。

　１つでも変なデータがあったら、正直に上司に報告すべきです。上司もまた、部下が正直に報告したら褒めるようにしなければなりません。そうでなければ、データ偽装を誘発することになりかねないからです。

　私たちが燃料ポンプの開発設計に携わっていた時、ベーン（羽根）が回転する摺動部（羽根を受けるケース）の摩耗問題を見つけて顧客であったトヨタ自動車にいち早く報告し、改善したことがあります。**品質機能展開（QFD）**の手法により、どのような機構が良いかを探る中で気付いたのです。このとき、トヨタ自動車から高く評価してもらいました。

品質をつくり込むとは何か？

――「品質をつくり込む」とは、とにかく品質不具合を出さないように考えられる限りの対策を施すこと、でしょうか。

皆川　あなたもそうですね。多くの人がこの問いに、「品質不具合を発生さ

せないこと」と答えます。しかし、品質をつくり込むためには、もう1つ「流出させないこと」も大切です。こちらを忘れてしまっている人が多い。品質不具合を発生させないように極力努力する。それでも、完全にゼロにすることは難しい。従って、品質不具合を流出させない仕組みも構築する必要があるのです。

逆に、品質不具合を流出させないことばかりを考え、例えばチェックシートの強化だけに取り組むような企業もあります。しかし、品質不具合を発生させない手法がなければ、当然ながら品質不具合の発生率は一向に減りません。つまり、品質不具合の発生と品質不具合の流出の両方に網を掛けることが、**品質をつくり込む**ということなのです。

こうすれば品質は飛躍的に向上します。例えば、品質不具合の発生率が1/1000であり、品質不具合の流出率が1/1000であるとすれば、両方に網を掛けることで、市場での品質不具合率を $1/1000 \times 1/1000 = 1/100$ 万にまで小さくすることができます。

品質をつくり込むためには、仕組みに落とし込むことが大切です。品質トラブルが起きたとき、原因を突き止めて対策を施す努力はどの企業も行っていると思います。しかし、品質をつくり込むための仕組みが構築されていないと、いわゆる「対症療法」にとどまってしまいます。すると、また別の品質トラブルを起こしてしまう危険性があるのです。

例えば、製品を生産する前に**量産移行会議**（品質保証会議の1つ）を開催していない企業があります。この会議を開かずに、本当にその設計で量産してよいかどうかを正しく判断することができるのでしょうか。それで高品質の製品を造れているとしたら、その方が不思議なくらいで

す。

品質をつくり込むための要点

—— 品質をつくり込むためのポイントがあれば、教えてください。

皆川 品質をつくり込むための要点は 3 つあります。[1] 見える化、[2] 皆で行うこと（全員参加）、[3] 未然防止です。

[1] の見える化は、「統計的品質管理（SQC）」や QC7 つ道具などを使って品質問題を定量化します。見える化することにより、皆で議論することができるようになります。また、皆で議論することにより、どこに問題点があるのかに気付けるのです。

[2] の皆で行うこと（全員参加）は、「これは製造の問題だから、我々は知らない」「いや設計問題だから、こっちも分からない」といった責任逃れをやめ、関係者全員で責任を持って品質をつくり込んでいく、ということです。トヨタ自動車には「大部屋」活動があります。これにより、早い段階から製造部門まで含めて一緒に開発設計を進めていきます。設計部門と製造部門ではそれぞれの考え方や立場があり、議論する機会がなければ個別最適化はできるかもしれませんが、全体最適化することはできません。

[3] の未然防止では、DRBFM や「QA（Quality Assurance；品質保証）ネットワーク」、「QC ストーリー」、QFD などの手法を使い、まだ起きていない問題の発生を予測して、それが起きないようにします。「想定外」による品質問題を起こしてはいけません。それを防ぐには、想定外のことが起きたとしても問題が起きないようにする必要がありま

す。代表的なものに「パラメーター設計」があります。例えば、環境温度が想定外の高温になったとしても、製品の機能や特性を急落させず、緩やかに低下していくようにするといった工夫を施すことが大切です。この未然防止も見える化し、皆で議論することにより、問題点に気付くことで可能となるのです。

デンソーには**5者協議**と呼ぶ制度があります。設計部門と製造部門、生産技術部門、品質保証部門、検査部門の全部門から担当者が集まって、DRや設計移行会議（品質保証会議の1つ）、量産移行会議を行います。仮に設計部門だけで行うと、設計者としての都合を押し通す恐れが出てきてしまいます。設計部門がこれらの会議を主催することも禁じられており、主催するのは品質保証部門と決められています。これも、設計部門の都合が悪い場合にこれらの会議の開催を省くという心配が考えられるからです。このように、皆で議論することにより、いろいろなことに気付くのです。

―― 品質の専門家の立場から、これまでずっと日本企業の品質は「綱渡り状態にある」と警鐘を鳴らしてきました。予言通りと言うべきか、先ほども少し伺いましたが、2017年後半から品質偽装問題が続発し、製造業だけではなく社会を騒がす問題となりました。この問題は今なお続いています。

皆川　冒頭で「ある日突然崩壊してもおかしくない」と表現しましたが、別の言い方をすると、日本企業の現在の品質は「綱が切れそうで渡れない状態」です。決して大げさな表現ではありません。これまでいろいろな会社を指導してきましたが、誰もが名を知る大手企業であっても、社内

のあちこちで品質問題が頻発している企業があるというのが実態だからです。むしろ今、品質について自信があるという企業の方が少ないのではないでしょうか。

でも、それは当然です。品質の向上や維持のために必要な施策を実施していない、すなわち、品質手法を使っていないのですから。

こう言うと「いや、うちは実施しています」と反論する企業があります。ところが、よく聞くと形だけになっている。例えば、FMEA（故障モード影響解析）。資料を確認すれば形骸化していることは一目瞭然です。FMEAの資料を見ると、故障モードまでは書かれているものの、品質不具合の原因を防ぐにはどうしたらよいか、また、どのように評価したかについての記述がない。それなのに（発生頻度や影響度合い、危険度合いなどを表す）点数だけは記されている。これは、中身を十分に議論して判断を行っていない証拠。つまり、形だけのFMEAを実施しているというわけです。

―― なぜ、形骸化しているのでしょうか。

皆川　本当に必要だとは思っていないのでしょう。そう思ってしまう理由は、何のためにFMEAを実施するのかを理解していないからです。そうした企業は、顧客が取り引きの条件にしているからFMEAを実施しているだけで、本音では「面倒くさいことをやらされている」と感じているのではないでしょうか。

言うまでもなく、FMEAは品質不具合や不良、トラブルを未然に防ぐために実施するのです。それを知らずに、もしくは忘れて、顧客と取り引きするために形だけを整えておくというわけです。FMEAに限ら

ず、品質手法は「何のために実施するのか」を最初に学ばなければなりません。

　私は最近、「一言で言うと、何ですか？」と質問するようにしています。すると、相手の理解度だけではなく、品質手法の「本質」が伝わるからです。

追究すべきは、未然防止策

―― 名だたる企業の子会社が品質偽装問題を起こしています。この問題をどのように捉えていますか。

皆川　長い期間をかけて日本の製造業が築き上げてきた「高品質」のイメージを損なう由々しき事態だと思っています。しかし、それ以上に心配していることがあります。「これではまた起きるな」ということです。この点では、メディアにももっと勉強してほしいと思っています。というのは、報道でも記事でも、起きてしまったその問題に対してどのような解決策を採るか、また、誰が責任を取るかといった追及に終始しているからです。しかも、解決策といっても、品質不具合やトラブルの真の原因（真因）に至る前の「直接原因」の対策を聞くことにとどまっています。これでは、全く同じ品質問題の発生は防げても、別の品質問題が次から次に起きる可能性があります。質問の追及が甘いので、回答する企業の方は楽だろうなと思います。そうではなく、記者はもっと未然防止について突っ込んで聞いてほしい。

　品質問題が起きた際に必ず確認すべきことは、次の2点です。

［1］未然防止活動についてどのような計画を立てたか

［2］その計画通りに実行したか

　実は、品質問題が発生するとすぐに対策に入ろうとするのは、企業の中でもよくあることです。ちょっと待ってください。まずは未然防止活動の計画の内容を見て、続いてその計画通りに進めているかどうかを確認しなければなりません。そうしないと、再発防止にも未然防止にもなりません。恐らく、品質問題が頻発する会社のほとんどは、未然防止活動の計画を持っていないでしょう。たとえ持っていたとしても、計画通りに取り組んでいないはずです。ということはつまり、品質問題は起きるべくして起きている。これでは再発する危険性があります。

　トヨタ自動車グループ（以下、トヨタグループ）には4大未然防止活動があります。これを知っていますか。

「4大未然防止活動」とは

——いいえ、知りません。

皆川　［1］品質機能展開（QFD）、［2］設計FMEA（DRBFM）、［3］工程FMEA、［4］QAネットワークの各品質手法を使った活動のことです。ここでは個々の品質手法の説明は省き、こういっておきましょう。

「QFDをやらずして、仕様を決めたとはいえない」

「設計FMEA（DRBFM）をやらずして、設計したとはいえない」

「工程FMEAをやらずして、工程設計したとはいえない」

「QAネットワークをやらずして、生産ラインを造ったとはいえない」

　仮にこれらの4大未然防止活動を怠っていたら、トヨタグループでは間違いなく以上のようにいわれます。

品質問題が再発するワケ

—— 確かに、対策を講じたはずが再発してしまうという課題を抱えている企業は多いという話は聞きます。なぜ、再発するのでしょうか。

皆川　対策しているのに、同じような種類の品質問題を繰り返している日本企業は珍しくありません。その理由は、真因までたどり着けずに、直接原因で対策してしまうからです。

　では、真因とは何でしょうか。真因とは、仕組みの原因です。つまり、品質問題の大元にある、管理の不足など仕組みの不備のことです。仕組みを変えて、仕事のやり方を変更しなければ、品質問題を根本から解決することはできません。このことはなぜなぜ分析という品質手法を学ぶことで身に付けることができます。

　最近、日本企業は深刻な事態に陥っているのではないかと危機感を抱くようになりました。これまでいろいろな企業を訪問してきましたが、品質手法をきちんと使ってものづくりを行っている企業が、規模の大小を問わずほとんどないからです。私は、日本企業は品質手法をもっと使いこなしていると思っていたのですが……。その理由を探ると、結局、品質手法の教育を十分に行っていないことが分かりました。だから、自分たちが品質をつくり込めていないことに気付かない。気付かないか

ら、品質手法を学ばない……。負のスパイラルを描いてしまっています。**フロントローディング**を知っていますか。

—— はい。業務の初期工程に負荷をかけて作業を前倒しで進めることです。そのために設計や生産を含めて複数の部署が参画し、じっくりと計画を立てると聞きます。

皆川 そうです。フロントローディングの本質は、源流段階での課題の解決です。しかし、忘れてはならないのは課題を解決するのは「人」だということです。従って、フロントローディングに参加する人は、しかるべき知識を備えている必要があります。

フロントローディングでは、開発設計部門から生産技術部門、製造部門、品質保証部門、検査部門、調達部門、営業部門などまで、ものづくりに関わる全ての部門から人が集まって設計に取り組みます。ところが、品質手法を学んでいない状態の人が参加しているケースが意外に多いのです。その点を放置したまま、製品の形状や材質、表面粗さなどを決めてとにかく早く図面にすることがフロントローディングだと勘違いしている。これでは機能も品質もコストも満足した図面は出来ません。せっかくフロントローディングを実施したのに、図面を作り直す羽目に陥る可能性があります。

—— それでも製品は出来ているのですから、「何とかなる」という考えもあるのではないですか。

皆川 確かに、現時点では何とかなっているのかもしれません。それは、これまでの蓄積があるからでしょう。しかし、使用環境や機能などの仕様が大幅に変わった製品を手掛けることになったら、どうなるでしょう

か。これまでの延長線にある仕様なら、ごまかしが利くかもしれませんが、従来の延長線から一段上に離れた新しい仕様の製品には通用しません。だからこそ今、社内のあちこちで品質問題を抱えている企業が出てきているのです。これこそ、品質手法を使わなくても何とかなったこれまでのやり方が通用しなくなってきている何よりの証拠でしょう。

── 日本企業の品質力が低下していることは分かりました。では、それを食い止めるためのヒントを探りたいと思います。改めて、品質に関して特に注意すべき点を教えてください。

皆川 自動車業界で最近問題だと感じていることがあります。電動化や自動運転を開発することが前提になっていることです。何のために電動化や自動運転を実現するのかという議論を尽くさなければならないはずなのに、「ありき」で進んでしまっているように感じるのです。

本来、どのような機能を追求するかは、品質機能展開（QFD）を使ってお客様が何を求めているかからスタートすべきです。お客様が求める機能を実現することが目的なのに、それを脇に追いやって、電動化や自動運転といった手段だけを追求しているのは気掛かりです。

QFDを実施した結果、自社が想定するお客様が「排出ガスがきれいな動力源を求めている」というのなら、電動化を積極的に進めてもよいでしょう。あるいは、トヨタ自動車社長の豊田章男氏が言った通り、「死亡事故をゼロにするために開発している」というのなら、自動運転を開発するのは間違っていません。しかし、「欧州の有名な企業がやっているから」とか「世界のトレンドだから」とか「米Google（グーグル）が力を入れているから」といった理由で開発を進めていたとした

ら、それは間違いです。

　日本の政治は外圧に弱いといわれてきましたが高品質のものづくりを行うべき日本企業がそれでは困ります。しかるべき品質手法に基づいて論理的に判断して開発を行わなくてはなりません。

—— 品質問題に悩む日本企業が増えている背景に何があると思いますか。

皆川　分業化を進めすぎた影響で、全体を見る人がいなくなっていることが大きいと思います。「全体最適」の視点が欠けているのです。例えば、自動車業界では設計者が実験を行わなくなっています。実験課が専門的に実験をこなすからです。確かに、この方が業務を効率化できるという利点があります。しかしその半面、自ら実験を手掛けないことで、設計者は感性を磨く機会や暗黙知を得る機会を失ってしまったと思います。

　最近ではCAEも分業化しており、CAEを解析担当者に任せてしまっています。結果、設計者で全体の品質を見る人がいなくなってしまいました。どんどん分業化し、細分化された一部のことしか担当しない……。このことが品質軽視につながっていると私は見ています。実は、品質手法の使い方についても同じことがいえます。全体最適の視点がないために、せっかくの品質手法が効力を発揮しないのです。

過去の失敗からトヨタグループが学んだこと

—— 品質手法を使えば、品質トラブルを防げるはずでは？

皆川　トヨタグループでは **17 の品質手法** を使います。ここまで使わないと、トヨタグループの品質を守ることはできません。では、17 の品質手法を学ぼうという話になるのですが、ここで重要なポイントがありま

す。これらの品質手法を体系的に学ぶことが必要だということです。というのは、トヨタグループでは、17種類の品質手法を有機的に連携させて品質をつくり上げているからです。個々の品質手法をばらばらに使うだけでは部分最適しか得られません。全体最適の品質にはならないのです。

　品質手法をばらばらに学び、同じくばらばらに使っても品質は高まらないことをトヨタグループは知っています。これは恐らく、過去の手痛い失敗から経験的に学んできた知見だと思います。初めから完璧な品質の製品を造れるメーカーなど存在しませんし、それはトヨタグループにも当てはまります。ところが、ほとんどの企業が気になった品質手法を単発で学ぶだけで、全体を俯瞰した教育を考えていません。個々の品質手法を学んで実践すれば、品質問題から解消されると思い込んでいるようです。

　もう一度、品質とは何かを考えてみましょう。「品質とは**お客様満足度**」です。そこにもう1回立ち返らなければなりません。お客様の満足のために何をすべきかを考えれば、単発の品質手法を部分的につまみ食いするだけでは、お客様の満足を勝ち取れないことを自然に理解できるはずです。

　例えば、QFDとは一体何か、何のために使うのか、それは全品質手法においてどのような位置付けにあり、どの品質手法と連携させて使う必要があるのか──。こうした「品質手法の本質」を理解せずに、「QFD講座を学んだのだから、これで品質問題から解放される！」などと浮かれていたら、後で痛い目に遭います。例えば、QFDを実施して

設計目標値は決まることでしょう。でも、その後、具体的にどのような未然防止活動を実践したらよいかについては全く分からないといった具合です。

まずは皆で議論することから

—— それは、とても興味深いポイントです。もう少し具体的に説明してください。

皆川　では、自動車のホーン（警笛）を例に挙げて説明しましょう。QFD を使えば、音量である dB（デジベル）と音色を示す周波数といった設計目標値を決めることはできます。しかし、そうして造ったホーンが、クルマが寿命を迎えるまでの間、設定した dB と周波数を設計的にきちんと維持できるといえるでしょうか。あるいは、工場でその設計通りにきちんと生産できるといえるでしょうか。

　多くの日本企業にとって最大の問題は、「品質に関して総括している人がいない」ことです。これは、野球でいえば、監督がいないチームのようなもの。個々の選手が勝手に投げて、打って、走っても、チームワークは機能しない。これで勝てるでしょうか。サッカーでも同じです。優秀な監督はチーム戦略や戦術を提示し、そこにプレーヤーを配置して試合をコントロールします。その先に勝利があるのです。ものづくりでは、品質を総括する人（例えば、設計者）が必要です。その人が個々の品質手法を有機的に連携させることで、高品質というアウトプットを勝ち取るのです。

　品質保証部門があれば、自動的に品質が保証されているというのは誤

解にすぎません。実際、品質保証会議のようなことしか行っていない品質保証部門は珍しくないのです。

――17の品質手法を体系的に学び、それらを有機的に使いこなす。高品質を実現するために、これが必要なことは分かりました。それでも、ハードルが高いと感じる企業もあると思います。最低限、これだけは実施した方がよいというアドバイスがあれば教えてください。

皆川　ぜひ、皆で議論してください。品質不具合を防ぐには、品質不具合につながり得る原因や現象に気付かなければなりません。「三人寄れば文殊の知恵」ということわざがある通り、皆で議論すれば、より気付く確率が高まります。

　デザインレビュー（DR）を日本語に訳すと「設計審査」ですが、この訳語が良くない。これでは設計を一方的に審査することになってしまうからです。審査だから、皆で議論するというイメージにつながりません。審査すべきイベントは品質保証会議です。

　事実、DRとQAを一緒にやってしまう企業が多いのです。審査だけを行い、皆で議論することはない。従って、品質不具合につながり得る原因や現象になかなか気付かない。結果、品質問題の再発を許してしまう……。

　議論と審査は分けるべきです。その意味で、私はDRではなく**DD**と呼ぶことを推奨しています。その心は、**設計議論（デザインディスカッション）**です。設計審査という訳語では、ものづくりにおける「心」が抜けています。DR（DD）の本質は「議論し、気付きを得て、万全の品質対策を講じる」ことですから。

　加えて私は、**３み**が大切ともいっています。**見（み）える化**し、**皆で議論**して、**未（み）然防止**しましょうと。皆が議論するには見える化の準備が必要です。それができて初めて皆で議論ができ、その上で未然防止を実現できるのです。

　体系的に品質手法を学びなさい、皆で議論しなさいと言うと、「面倒くさい」という言葉が返ってくることがあります。恐らく、これが多くの人の本音でしょう。では、こう言いましょう。

　品質の良い企業になるか、それとも悪い企業になるかは、愚直に取り組めるかどうかで決まります。確かに、面倒くさいと思います。でも、直近でも、品質問題を起こして破綻した大きなメーカーがあるではありませんか。会社がなくなってから、未然防止の大切さを知ったところで遅いのです。愚直に取り組まずに手を抜いて、明日、あなたの会社はありますか――と。

―― 日本企業の製品は「高品質」と世界で評価されてきたのですから、品質手法をきちんと使ってきたと思っていたのですが……。

皆川　現実はそうではないのです。先に「QC7つ道具」を知らない管理者がいて驚いたと言いましたが、実は役員クラスでも知らない人がいるという事実にも直面しました。しかも、大手企業です。

　ただ、明るい兆しもあります。品質を高めたり維持したりするために必要な施策に関して「当社は何もできていない」と気付き始めた企業も出てきたことです。まずはできていないという現実に気付いたことは、大きな進歩です。できていないことに気付いて初めて、品質を向上・維持するための施策に「きちんと取り組まなければならない」と考えるよ

うになるからです。

—— 依然として基本的な品質手法を使っていない日本企業があるのですね。しかし、それでも製品を造れている。ということは、とりあえず問題はないと考えることはできませんか。

皆川 そんなことでは早晩、トラブルに見舞われる可能性があります。確かに、顧客から言われた通りの物を造る、いわゆる下請け的な立場を続けるなら、それほど大きな問題に見舞われることはないかもしれません。例えば顧客が自動車メーカーや大手自動車部品メーカーで、図面は与えられる。その上で、言われた通り、指導された通りに造るだけというケースです。品質は申し分なく、売り上げも順調に伸びていくかもしれない。

しかし、先にも述べましたが、そうした企業が自社ブランド製品やオリジナル製品を造ろうと、自ら図面を描いた場合はどうなるでしょうか。結論をいえば、品質不具合の山を築く可能性がある。寸法も材質も工程のつくり方もまずく、次々と不具合が露呈してついにはクレームとなる……。

実際、そうした日本企業があるのです。なぜそうなってしまったのか。その企業を調べると、驚くべきことが分かりました。実は、品質保証会議を開いていなかったのです。つまり、「品質不具合を出さない仕組み」を築いていなかったというわけです。

こうして「うちは全くできていない」と気付き始めた日本企業がある一方で、気になっていることがあります。それは、品質手法を単発、もしくは部分的に学ぶ日本企業が目に付くことです。例えば「FMEA は

学んだけれど、その他の品質手法については関心がない」という企業が多いのが気掛かりです。

一部の品質手法では不十分

—— 部分的な品質手法では、やはりダメなんですね。

皆川 実践しなければならない最低限の品質手法が抜けてしまうからです。先にも述べましたが、品質手法は必須のものが有機的に連携しながら効果を発揮します。1つの品質手法だけでは十分に機能するとはいえません。

なぜ1つの品質手法を学んで満足してしまうかといえば、それぞれの品質手法について学ばなければならない理由を知らないからです。つまり、全体の中における個々の品質手法の位置付けが分からないため、他の品質手法の重要性に気付かない。

例えば、「FMEA」であれば単に管理項目にあるからやっているだけ、という日本企業が少なくありません。しかし、FMEAの本来の目的は、どうすれば品質不具合を出さない設計になるか、あるいは品質不具合を防ぐためにどのような評価をすべきかについて、皆で議論することにあります。ところが、そこまで考えが至らない。そのため、FMEAでは単に点を付けて管理をどうすればよいかで終わらせてしまうのです。

品質不具合を出さない設計を考えるという観点に立てば、品質機能展開（QFD）やなぜなぜ分析、QCストーリー、統計的品質管理（SQC）といった他の品質手法も学んで実践しなければならないということに気付くことでしょう。

　実際、FMEAだけでは抜け（穴）だらけになってしまう。例えば、製品に品質不具合が発生して分析するには、なぜなぜ分析が必要です。これを使わずに対策を講じると、仕組みの（根本的な）改善になりません。すると、表層的で局所的な改善しかできず、今後も別の製品や異なる工程で似たような品質不具合を起こす可能性があります。

「トヨタ品質」に必要不可欠

―― 品質手法はどれくらいあるのでしょうか。

皆川 品質手法は世の中に 50 はあるといわれています。

―― そんなにあるのですか。それらを全て習得しなければならないのでしょうか。

皆川 先にも述べましたが、トヨタグループで重視している必須の品質手法は、分類の仕方や数え方にもよりますが以下の 17 個です。

① QC ストーリー

② KPT（けぷと）

③ 自工程完結

④ 新製品品質保証システム

⑤ 重点管理

⑥ デザインレビュー（DR）

⑦ 品質保証会議（次工程移行可否判定会議；QA）

⑧ なぜなぜ分析

⑨ 品質機能展開（QFD）

⑩ QC7 つ道具・新 QC7 つ道具

⑪多変量解析

⑫実験計画法

⑬設計 FMEA（DRBFM）

⑭ FTA

⑮信頼性設計・信頼性試験

⑯工程 FMEA

⑰ QA ネットワーク

　これらは「トヨタ品質」を満たすために最低限必要なものです。抜けがあるとトヨタグループでは品質をつくり込むことはできません。これら17の品質手法をトヨタグループの開発設計者なら当然習得します。知らなければ、トヨタグループでは開発設計者と呼ぶことはできないといっても過言ではありません。

　—— しかし、それらの品質手法を知らなくても製品は出来ています。

皆川　これらの品質手法を知らなくても、とりあえず物は造れます。例えば、シャフト部品であれば寸法や公差、質量、材質、面粗度などを指示すれば出来てくる。しかし、品質手法を知らなければ、クレームになる可能性を排除できません。なぜかといえば、詰まるところ「お客様の満足が得られない」からです。

　「品質をつくり込む」とは、お客様に満足してもらうようにつくり込むことです。しかも、製品によっては1年やそこらではなく、5年、10年とお客様に満足していただかなければならない。お客様は物が欲しいわけではありません。機能が欲しいのです。従って、先の寸法や質量、材質などは、この機能を実現するものでなければなりません。それらが

機能を満足しているか否かは、品質機能展開（QFD）を実施しないと判断できないのです。例えば、「持ちやすい」という機能を満たすために、どのような寸法や質量、材質にするかを品質機能展開を使って割り出すのです。

　ところが、品質機能展開を使わずに、いきなり寸法や質量、材質などを決めてしまい、それを「設計」と呼んでいる日本企業が実に多いのです。部品メーカーだけではありません。最終製品を造っている企業でも目立ちます。これでは何も考えずに、思い付きや勘だけで設計してしまうことと変わりません。

　分かりやすい例を出しましょう。コップを設計するとします。すると、多くの設計者がいきなり容量や寸法などを決めてコップの形状を描いてしまいます。そうではなく、まずはお客様がどのような状況で使うかを考えるところからスタートしなければならないのです。それをせずに図面を描くことは、漫画を描いていることと同じです。寸法も容量も無限に存在します。根拠なく決めて、それが適正といえるのでしょうか。

　よくあるのが、既存の図面の流用です。既にある図面を基に、例えば少し寸法を変える。どうして変えたのかと聞くと、「いや、容量が大きくなればよいかと思って」といった言葉が返ってくる。しかし、容量が大きくなることにより、お客様の満足が得られるかどうかの根拠はありません。容量が大きくなって重くなったら、使い勝手が悪くなってお客様は不快に思うかもしれない。ある企業で機能部品の設計者に、どのように寸法や公差を決めているのですかと質問したところ、「前モデルの図面を見て、なんとなく決めています」と言っていました。

　これに対し、トヨタグループでは品質機能展開（QFD）を使い、「誰がどのように使うかを考えた上で、どのような機能が必要かを判断する。そして、その機能を満たすことができる寸法や公差、質量、材質、表面粗さなどを具体的に決めていく」のです。

思いつきのものづくり

—— なるほど。ただ、それでもまだ疑問が残ります。品質手法をあまり使っていないのに、品質が評価されている日本企業の製品が多いのはなぜでしょうか。

> **皆川**　試行錯誤の世界だと考えられます。とりあえず造ってみる。ダメだった。改善する。ダメだった。改善する……。これを繰り返しているのでしょう。こうした方法でも、時間と費用をかけ、改善の方向性が正しければ、ある程度の水準までは品質が高まるかもしれません。

　でも、トヨタグループの開発設計者がこんな取り組みをしていたら、上司から一喝されてしまいます。ムダが多い上に、目標とする水準にたどり着けないかもしれないからです。まず、時間と費用がいくらかかるか分かりません。おまけに、改善の方向が目指すべき品質向上の方向と合致していない可能性まであるのです。

　本来は目標とする品質のゴールに向かってまっすぐ進むべきです。ところが、試行錯誤の方法は「思い付きのものづくり」。改善も思い付きです。思い付きで改善すると、少しずつ間違った方向に進んでしまう危険性があります。しかも、間違っていることに気が付かない。気付いたときには、赤色の製品を造るはずが青色の製品が出来てしまったという

くらいの開きが生じてもおかしくないのです。

　思い付きで設計しても、時にはヒットすることがあるかもしれません。しかし、そのヒットは偶然であって確率は低く、時間も費用もかかるかもしれない。何より永続性はありません。

　こうした「思い付きのものづくり」や「思い付きの改善」をしないために、トヨタグループでは先の17の品質手法を習得するのです。そして、その根底に押さえているのが「品質とは何か」に対する答え「お客様満足度」があるというわけです。これを間違えると、お客様が全く望んでいないとんちんかんな製品を造ってしまう恐れがあります。にもかかわらず、お客様のことを考えずに「こんな製品を造ってみました。使ってみてください」という日本企業が目立つのです。お客様のニーズを考えずに、価格を維持するためだけに付加機能を付けて、「買ってください」というのは機能の押し売りです。

業務の必要に応じて学ぶ

—— トヨタグループでは品質手法をどのように学ぶのでしょうか。

皆川　まず、仕組みの基本となる仕組みづくりの品質手法を学び、続いて人づくりに関する品質手法、ものづくりに関わる品質手法と順番に学んでいきます。入社した設計者の多くは、構想図を詳細設計に落とす水準から始めます。ここで業務に必要となる品質手法を学んでいきます。仕事に合わせて必須の品質手法を学んでいくことがポイントです。今抱えている仕事に応用しなければならないため、真剣に学ばざるを得ません。すぐに実践に生かせるので、習得しやすいという利点もあります。その

後も階層別に、よりレベルの高い品質手法を、求められる仕事に応じて学んでいきます。

　このように、「実践のための品質手法」を学ぶ点が、トヨタグループの特徴です。

—— 業務の必要に迫られて、実践的に習得していく。だから、身に付くというわけですね。

皆川　その通りです。トヨタグループの特徴はもう1つあります。それは、全員が品質手法を学び、全体の水準を底上げすることです。他社でよくあるのが、一部の優秀な社員だけが品質手法を習得して高い水準に達している一方で、それ以外の多くの社員は学ばずに合格水準を下回っているというケースです。トヨタグループはそうではありません。優秀か否かにかかわらず、全員が合格水準を超えるように教育します。

全員が学ぶ理由

—— それはなぜですか。

皆川　例えば、技術者が1000人いる企業で、合格水準を超える技術者が10人いる程度では品質の良い製品が造れないからです。確かに、この10人に入る優秀な技術者が設計した製品の品質は良いでしょう。しかし、それはたまたま。他の技術者が設計した製品の品質はいまひとつということになってしまいます。個人差が大きいと、当然、品質はばらついてしまいます。

　トヨタグループの場合は、誰が設計しても高い品質を維持するために、技術者全員が必須の品質手法を学ぶのです。こうすれば、安定し

て、持続的に、高い品質を満たすことができます。

　まとめると、トヨタグループでは品質手法を業務の必要に応じて学びます。しかも、全員が体系的に学ぶことで、それぞれの品質手法の位置付けを把握します。これにより、17の品質手法の全てがそろって、初めて「お客様満足」という品質を満たせることを理解することができるというわけです。

　最後に、品質手法を学ぶ人に向けて私が贈りたい言葉があります。それは「品質は嘘をつかない」という言葉。変なデータが1つでも出たら、それは品質上の異変を示しています。誤差や何かの間違いなどと勝手に判断して見逃すようなことがあってはいけません。トヨタグループではそのことを徹底してたたき込まれます。だからこそ、技術者は皆、やるべきことを1つひとつ愚直に実行するのです。

第2章

品質の基本的な考え

　日本企業にとって品質は生命線です。世界中の多くの人が日本企業の製品は高品質であると評価してくれています。しかし、この評価を保ち続けるのは簡単なことではありません。現に、まさかの品質不具合を起こし、その賠償や対策費用のために莫大な費用の支払いを余儀なくされたり、破綻したりする日本企業が出てきました。品質を高め、維持するためには、まず品質についての基本を押さえる必要があります。

2.1 なぜ品質が必要か

　品質はなぜ必要か——。実は、本質を問うこのシンプルな問いに多くの人が答えられません。というのは、品質を知らなくても、とりあえず「もの（製品）」は出来るからです。「ものが出来ているのだから、品質を知らないはずはない」と誤解する人が多いのですが、品質を知らなくても、寸法や公差、材質、面粗度といったものを指示すれば、一応はものを造れるのです（図2-1）。

　ところが、品質を知らなければ、「顧客の満足を得られるもの」は出来ません。ここに大きな違いが生じます。ただの「もの」と「顧客の満足を得られるもの」との違いです。つまり、品質を知らないままでいると、クレームの山となる危険性が増すということです（図2-2）。品質とは何かについて真剣に考えなければ、いつか大きな失敗を招くかもしれません。

寸法や公差、材質、表面粗さ…などを指示すれば、
とりあえず、製品は出来る

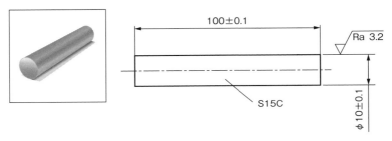

図 2-1 ●品質を知らなくてもものは造れる
（作成：筆者）

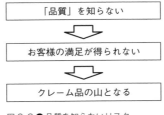

図 2-2 ●品質を知らないリスク
（作成：筆者）

2.1.1 品質力の有無による技術者の差

　技術者の品質力の有無は、製品に大きく影響します。高い品質力を備えている優秀な技術者の集団が造った製品の品質レベルは、合格レベルを超えます。しかし、十分な品質力を備えていない技術者が造った製品は、なかなか合格レベルに達しません。品質力を備えているということは、例えるなら品質力という名の踏み台に乗って「背比べ」をしているようなものなのです（図2-3）。大きな差が出て当然でしょう。

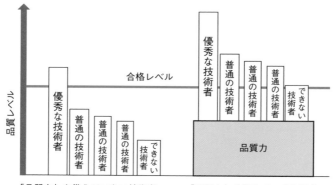

図2-3 ●品質力の有無による技術者の差
（作成：筆者）

2.2 品質とは何か

　品質とは何でしょうか。ここでは「良品であること」と「顧客の満足を得ること」の二者択一で考えてみてください。正解は、品質は「顧客の満足を得ること」です。

　以前、トヨタ自動車をモデルにしたテレビドラマが放送されました。その中で「クルマは誰のためでもない、お客様のためにあるのだ」「造ってやる、売ってやる、ではいけない。造らせていただいている、買っていただいている、その気持ちを忘れてはならない」といった趣旨のセリフがありました。ドラマの中のセリフではありますが、品質は顧客満足度に表れるということを、これらのセリフが端的に示していると思います。

　では、顧客満足度とは何の尺度でしょうか。選択肢を5つ挙げてみま

しょう。「安全・安心」「法規制を守る」「快適」「経済的」「嗜好に合う」のどれだと思いますか。

　安全・安心であるというのは、人の命を守ることにつながります。そのため、安全・安心であることは当然です。また法規制を守ることも当然です。残りの快適や経済的、嗜好に合うという理由で製品を選ぶ人も少なくないでしょう。しかし、これらも顧客にとっては当然のものではないでしょうか。

　結論をいえば、顧客満足度はこれらの選択肢のいずれでもありません。顧客満足度とは、おもてなしの尺度に非常に近いと筆者は考えています。すなわち、顧客満足度を高めるには、お客様を思いやる気持ちが根底にあるところで品質をつくり込むことが大切なのです。

2.2.1 お客様とは

　では、顧客（お客様）とは誰でしょうか。多くの人はここで、最終製品の顧客（エンドユーザー）か、自社が製品を納める顧客企業だと答えます。筆者はかつて自動車部品メーカーの開発設計部門に在籍していました。そのため、開発設計部門から見た顧客になるかもしれません。しかし、筆者が想定していた顧客は、エンドユーザーはもちろん、自社の後工程を含む全ての関係者、さらには自動車メーカーの製造工程に関わる全ての人たちでした。

　その自動車部品メーカーで開発設計を手掛けていた当時、我々は音がしていた従来の燃料ポンプに比べてかなり静かな燃料ポンプを開発し、意気揚々と米国に乗り込んでいったことがあります。しかし、その燃料

ポンプは全然売れませんでした。燃料ポンプが大き過ぎたからです。

　生産現場において、燃料ポンプは作業者が燃料タンクに入れて造ります。ところが、米国人は手が大きいため、我々が開発設計した燃料ポンプは大き過ぎて燃料タンクに入れることができなかったのです。得意満面で米国市場に進出したはずが、打ちひしがれて日本に帰ってきました。その後、急いでコンパクトな燃料ポンプを開発設計して、ようやく売れるようになりました。この失敗により、我々はエンドユーザーの満足だけを考えて開発設計するのではなく、自動車メーカーの製造工程の作業者にも満足してもらえる製品を開発設計しなければならないことを学びました。

　開発設計部門であれば当然、自社の後工程が造りやすいものを開発設計する必要があります。後工程というのは自分が担当する工程のすぐ後ろということではなく、仕入れ先を含む全ての関係者を指すことを肝に銘じてください（図2-4）。

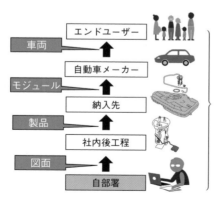

図2-4 ●お客様とは
（作成：筆者）

2.2.2 品質はなぜ重要か

　品質は大切だと当たり前のように誰もが口にします。しかし、品質がなぜ重要なのか、その理由まで考える人は意外に少ないというのが現実です。

　クルマを例に説明しましょう。例えば、エンジンのECU（電子制御ユニット）の場合、ICが34個、抵抗が639個、コンデンサーが308個、ダイオードが78個、トランジスターが77個、水晶振動子が4個と、合計1140個の素子（電子部品）が使われています（図2-5）。これらのうち1つでも故障すると、エンジンの停止や吹き上がり、始動不良などが起きます。わずか1個の部品の不良がクルマの重要な故障につながるのです。クルマの故障は事故につながります。つまり、たった1個の部品

エンジンECU

エンジンECUに実装されている電子部品数

電子部品	個数
IC	34
抵抗	639
コンデンサー	308
ダイオード	78
トランジスター	77
水晶振動子	4
合計	1140

電子部品が1個でも故障すると

エンジン停止
エンジン吹き上がり
始動不良・不能など

1個の電子部品の不良がクルマの重要な故障につながる

図2-5 ●品質はなぜ重要か
（作成：筆者）

の品質が人命にまで関わってくるのです。

　製造業の場合、どうしても品質不具合について割合「ppm（100万分率）」で考えがちです。例えば、「100万台に1台だから1ppmだな」「1000万台に1台だから0.1ppmか」といった具合です。しかし、ユーザーにとっては購入した1台に品質不具合が起きれば、それは「100%の品質不具合」になってしまいます。この点を肝に銘じなければなりません。つまり、品質不具合はppmの値を低く抑えればよいのではなく、1つもあってはならないのです（図2-6）。

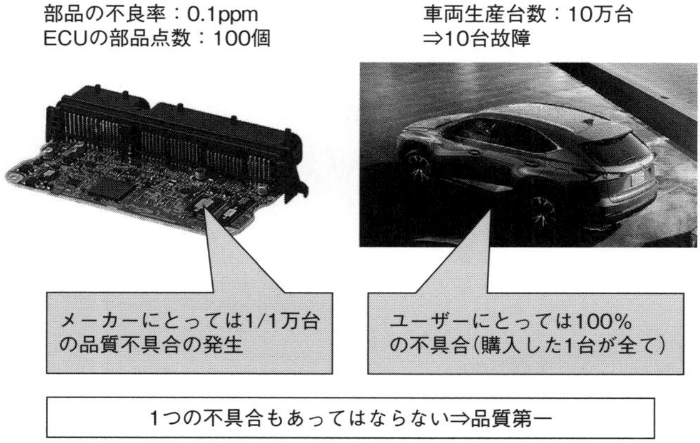

部品の不良率：0.1ppm
ECUの部品点数：100個

車両生産台数：10万台
⇒10台故障

メーカーにとっては1/1万台の品質不具合の発生

ユーザーにとっては100%の不具合（購入した1台が全て）

1つの不具合もあってはならない⇒品質第一

図2-6 ● 品質不具合は1つでもあってはならない理由
（作成：筆者）

　筆者には苦い経験があります。自動車部品メーカーで開発設計者を務めていた時のことです。「来年度の品質目標値は○○ppmでよろしいでしょうか」と自動車メーカーのスズキに報告に行きました。すると、「何を考えてるんだ！ 1個の品質不具合でも、そのクルマを買ったお客様にとっては100%（の不具合）だ！」と真っ赤な顔で叱責されました。

叱ってくれた人は、スズキの会長、鈴木修氏です。

　この一件で、筆者は「○○ ppm くらいなら、まあいいか」という自動車部品メーカー側に立った考えではなく、「クルマの持ち主にとっては1つの不具合は100%の不具合」というお客様の側に立った考えで製品を開発設計していかなければならないことを痛感し、以降、開発設計者としての自分の心に刻み込みました。

不良が生む3重の損失

　製品の品質不具合、すなわち不良が起きると、3重の損失が発生します（表2-1）。[1] 機会の損失、[2] 応急処置コストの損失、[3] 恒久処置コストの損失です。

　当然、起きた不良を対策しなければならないので、対策費用が必要になります。これが [2] の応急処置コストの損失です。加えて、再発を防止するために不良原因を追究し、対策を考えて実施していく [3] の恒久処置コストの損失も必要です。そしてさらに、お客様からの信頼の失墜によって販売やブランドなどに負の影響が及ぶ、[1] の機会の損失があります。お客様からの信頼は、お金で買えるものではありません。その意味で、これは製品の不良が与え得る最も大きな影響だといえます。

3重の損失	内容
[1] 機会の損失	お客様からの信頼の失墜
[2] 応急処置コストの損失	リコール、不良品の交換
[3] 恒久処置コストの損失	不良原因の追究、対策の立案 対策の実施、効果の確認

表2-1 ●3重の損失
（作成：筆者）

　例えば、自動車でリコールを出すと、1台当たり少なくとも2万円の修理・交換費用がかかります。仮にリコール対象車が10万台あったとすれば、損失費用は20億円となります。しかも、これは「目に見える費用」だけ。すなわち、[2]の応急処置コストの損失のみの費用です。現実には、ここに「目に見えない費用」、つまり[3]の恒久処置コストの損失が加算されます。こうした損失費用を売り上げでカバーしようとすれば、損失費用の何十倍もの売り上げが必要となります。品質の大切さが身に染みることでしょう。

品質不良で会社が消滅するケースも

　製品に不良が発生すると、会社が消滅する危険性すらあります。2017年6月、日本で戦後最大の経営破綻が起きました。エアバッグを手掛けるタカタです。1兆円を超える巨額の負債を抱えた同社は、民事再生法の適用を申請して破綻。創業80年を超える看板を下ろすことになりました。この破綻を引き起こした原因こそ、製品の不良です。エアバッグを膨らませるインフレーターで不良を発生させてしまったのです。

　具体的には、2000〜2008年の間にタカタが製造したエアバッグの中に、異常破裂を起こすインフレーターの不良品がありました。この不良が原因の死亡者は25人以上とメディアなどで報じられています。結果、世界で4000万台以上が対象になる大規模リコールへと発展し、会社が破綻。外資系企業に買収されてしまいました。

　このタカタの破綻は、品質不具合や不良を出してから品質を良くしようとしても手遅れだということを、日本の製造業に強く印象づける事件

となりました。

　一方で、信頼を取り戻したケースもあります。トヨタ自動車の事例です。2009年に米国でトヨタ自動車のクルマが暴走事故を起こし、4人の乗員が死亡した事件が発生しました。これはフロアマットがアクセルペダルに干渉することで発生した事故でした。これが元で大規模リコールに発展。ついには米国運輸長官のレイ・ラフード氏に「トヨタ車の運転をやめるべきだ」とまで言われ、トヨタ自動車社長の豊田章男氏が米国下院公聴会に呼ばれて証言を求められる事態にまで至りました。

　ところが、この公聴会の証言は米国市場で好意的に受け止められました。その理由は、「安心できる仕組みづくり」を宣言したことにあります（図2-7）。[1] お客様の声に基づく、「現地・現物」による早期発見・早期解決活動（EDER）と [2] お客様第一を実践できる人づくり、[3] 外部の専門家による評価（透明性の確保）、[4] 現地・現物による安全と品質にこだわる開発（現地に権限を委ねてスピーディーに対応する現地の自立化）、[5] 世界各地域の品質保証活動の自立化の5つを米国民に約束したのです。

　これらは単にリコールの直接的な原因、すなわち直接原因の解決ではなく、その根本的な原因である仕組みの原因、トヨタグループが表現する真因を追究した上で講じた対策でした。トヨタ自動車がピンチをチャンスに変えられた理由は、「安全なクルマづくりから、安心できるクルマづくりにします」と宣言したことだったのです。

　タカタのエアバッグのリコールとトヨタ自動車の北米における大規模リコールとの対照的な結果は、品質に対する考え方と対策に関する考え

方の違いが生んだものといえます。

安心できる仕組みづくり

> [1] お客様の声に基づく現地・現物EDER
>   EDER（Early Detection Early Resolution；早期発見・早期解決活動）
> [2] お客様第一を実践できる人づくり
> [3] 外部の専門家による評価（透明性の確保）
> [4] 現地・現物による安全と品質にこだわる開発
> [5] 世界各地域の品質保証活動の自立化

安全なクルマづくり
⇒　安心できるクルマづくり

図 2-7 ●大規模リコールを受けたトヨタ自動車の対策
（作成：筆者）

2.3 品質管理とは何か

　品質について本質を考えたところで、続いて品質管理とは何かについても、もう一度考えてほしいと思います。

2.3.1 管理と品質管理

　管理とは何でしょうか。2つの選択肢を用意しました。「管理には目標は要らない」と「管理にも目標が必要である」のどちらだと思いますか。答えは後者です。管理にも目標が必要なのです。

　ある会社で新入社員教育担当者と話した時のことです。「うちは新入

社員の管理をきちんと行っています」というので、「では、新入社員の1
年後のスキルについて、目標はどこに置いていますか」と質問したら、
困った顔をして「そこまでは考えていません」と返されました。これで
はきちんと管理しているとはいえません。目標がないと管理していると
はいえないのです。

　管理では、まず目標があり、今現在の状況（現実）を確認します（図
2-8）。その上で、目標と現実の差をチェックし、処置します。チェッ
クだけしている会社がよくありますが、それだけでは管理していると
いえません。目標を明確に設定し、達成度はどのくらいかという差を
チェックして、適切に処置する、ここまでが管理です。すなわち、①目
標の明確化、②達成度のチェック、③処置の3点がそろっていないと管
理とは呼べません。

　では、品質管理とは何でしょうか。ちなみに、日本産業規格（JIS）は
「買い手の要求に合った品質の品物またはサービスを経済的に作り出す

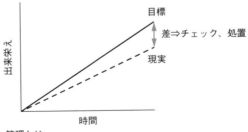

図 2-8 ●管理とは
（作成：筆者）

ための手段の体系」と定義しています。しかし、これでは抽象的で分か
りにくいと思います。

　それよりも、「品質＝顧客満足度」ということを押さえておけば、お
のずと分かってくると思います。品質管理とは、「お客様の要求を明確
にし、満足度をチェックして処置する」ことです（図2-9）。

　つまり、①顧客の要求の明確化、②満足度のチェック、③処理の3点
がそろっていないと品質管理とは呼べないということです。品質管理に
は、QC（品質管理）やSQC（統計的品質管理）、SPC（統計的工程管
理）、TQCとTQM（共に全社的品質管理、もしくは総合的品質管理）
などいろいろありますが、これらは全て「お客様の要求を明確にし、満
足度をチェックして処置する」という言葉に集約できると思います。

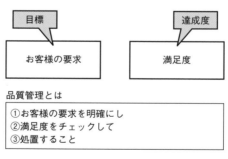

図2-9 ●品質管理とは
（作成：筆者）

2.3.2 品質管理の本質8項目

　品質管理には、品質管理の本質8項目というものがあります（図2-
10）。[1] ファクトコントロール、[2] ばらつき管理、[3] 重点指向、

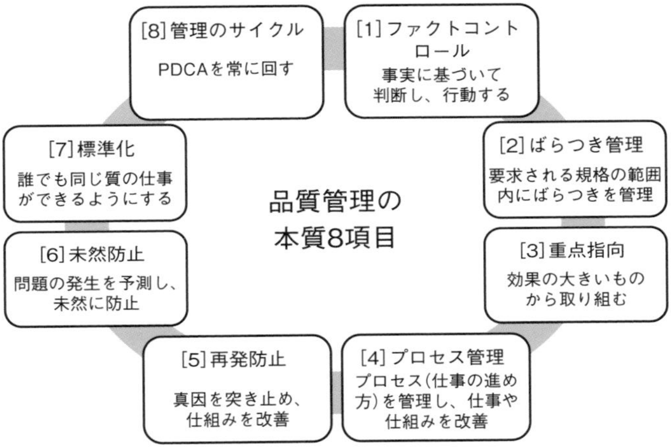

図2-10 ●品質管理の本質8項目
（作成：筆者）

[4] **プロセス管理**、[5] **再発防止**、[6] **未然防止**、[7] **標準化**、[8] **管理のサイクル**です。

　[1] の**ファクトコントロール**は、事実に基づいて判断し、行動することです。KKDと呼ばれる「経験」「勘」「度胸」も必要ですが、それだけでは不十分です。論理的に事実で判断しなければなりません（**図2-11**）。

　毎日見ている物でも意識して見ないと、なかなか気がつかない場合が多いものです。見落としのないように、しっかりと見る。比較して見る

[1] ファクトコントロール

事実に基づいて判断し、行動する

KKD（経験、勘、度胸）⇒論理的に事実で判断

図2-11 ●ファクトコントロール
（作成：筆者）

ことが重要です。例えば、デザインレビュー（DR：設計審査）では、よく改良前と改良後の製品を並べます。こうして比較することで、気付くことが多いのです。人間の目では、比較せずに１個からだけだとなかなか気付かないものです。

　［2］の**ばらつき管理**は、要求される規格の範囲内にばらつきを抑えるように管理することです（**図2-12**）。ばらつきには２つあるので注意してください。系統的誤差と偶然誤差の２つです。系統誤差は、きちんと直していく所が小さくなっていく誤差で、偶然誤差というのはどのくらいばらついているのかという誤差です。これら２つの誤差の違いを正しく理解・把握した上で、全体を管理していくことが重要です。

[2] ばらつき管理

要求される規格の範囲内にばらつきを管理する

統計的な誤差の原因を突き止め管理項目に落とし込むことによって、経済的な管理ができるようにし、要求される規格の範囲内にばらつきを抑えるように管理する。

系統的誤差	傾向変化や狙い値の調査などによる、原因が突き止められるばらつき
偶然誤差	サイコロの目のように制御が難しいばらつき

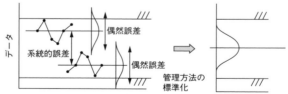

図2-12●ばらつき管理
（作成：筆者）

　［3］**重点指向**は、効果の大きいものから取り組むことです。図2-13は、女性の小遣いの分布のパレート図です。出費を減らそうと考えた場

合、効果の大きいものから取り組んでいくと効果的です。パレート図ではトータルで50％のものから改善などに取り組むといわれています。このように、大きいものから取り組んでいくことが重点指向です。

[3] 重点指向

> 効果の大きいものから取り組む

・不具合件数は、上位の2〜3項目で全体の多くを占める⇒パレート図の法則
・少ない項目をゼロにするよりも、多い項目を減らす方が簡単で得られる効果も大きい

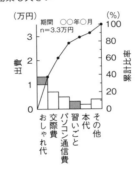

図2-13 ●重点志向
（作成：筆者）

[4] **プロセス管理**は、プロセス（仕事の進め方）を管理し、仕事や仕組みを改善することです（図2-14）。良い結果が得られるように、プロセスを管理し、仕事のやり方と仕組みを改善していく考え方を指しています。

製造業では「工程で品質をつくり込む」、そして「品質で工程を管理する」と言われます。そのためには、結果の原因を「5M1E」できちんと分析する必要があります。5Mとは、①人（Man）、②**機械（Machine）**、③**方法（Method）**、④**材料（Material）**、⑤**測定（Measurement）**のこ

[4] プロセス管理

プロセス(仕事の進め方)を管理し、仕事や仕組みを改善する

良い結果が得られるように、プロセスを管理し、仕事のやり方と仕組みを改善していく考え方

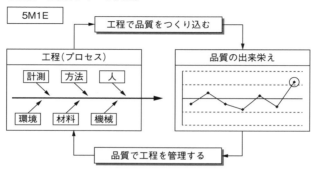

図2-14 ● プロセス管理
(作成：筆者)

と。1E とは環境（Environment）のことです。そして、5M1E のアウトプット（成果）を品質の出来栄えで見ていきましょうというのがプロセス管理です。

　[5] **再発防止**は、真因を突き止めて、仕組みの改善をすることです（図2-15）。問題（特に人の行動の問題）を発生させている要因を、3現〔現地、現物、現実（現象）〕に基いて、規則的に、順序良く、論理的に、漏れなく追究する。これにより、真因を突き止め、対策（仕組みの改善）を実施するのです。トヨタグループではこの再発防止を品質管理手法（以下、品質手法）「なぜなぜ分析」で実践しています。

　[6] **未然防止**は、問題の発生を予測し、未然に防止することです（図2-16）。まだ起きていない問題に対し、発生する前に手を打つことが求められます。まだ起きていない問題であっても、想定外がないように

[5] 再発防止

真因を突き止め、仕組みを改善する

・問題（特に人の行動）を発生させている要因を3現〔現地、現物、現実（現象）〕に基づいて、規則的に、順序良く、論理的に、漏れなく追究することにより真因を突き止め、対策（仕組みの改善）を実施する
・「なぜなぜ分析」の考え方

図2-15 ●再発防止
（作成：筆者）

しなければなりません。大切なのは、失敗（品質不具合）をいかに事前に発見するかです。

[6] 未然防止

問題の発生を予測し、未然に防止する

・失敗（品質不具合）をいかに事前に発見するかがポイント
・見つける：発見・発明に通じる創造的行為

図2-16 ●未然防止
（作成：筆者）

[7] 標準化は、誰でも同じ質の仕事ができるようにすることです（図2-17）。勘違いしている人が多いのですが、標準化とはマニュアルを作ることではありません。担当者が代わっても同じ質の仕事ができるように、「仕組み」を作って「維持・管理」することです。マニュアルによって教育を行い、同じ質の仕事をできるようにすることが標準化で

[7] 標準化

誰でも同じ質の仕事ができるようにする

・担当者が代わっても同じ質の仕事ができるように、「仕組み」を作って「維持・管理」すること
・標準化＝マニュアルではないことに注意

図2-17 ● 標準化
（作成：筆者）

す。マニュアルはあくまでも教育のためのツールにすぎません。

[8] 管理のサイクルは、PDCA を常に回すことです（図2-18）。PDCA とは Plan（計画）、Do（実行）、Check（評価）、Action（改善）のことです。管理のサイクルは、これらの4つのステップを回していくことです。

管理のサイクルを回す代表的な品質手法に QC ストーリーがあります。この QC ストーリーでも PDCA を常に回していくことが大切です。しかも、スパイラルアップしていかなければなりません。1回目、2回目、3回目とスパイラルアップしていって初めて管理ができているといえます。レベルが上がっていかないのなら問題です。

[8] 管理のサイクル

PDCAを常に回す

仕事は、PDCA（計画、実行、評価、改善）という4ステップを常に回すことが大切

図2-18 ● 管理のサイクル
（作成：筆者）

3

第　　　　章

技術者に必須の
「品質力」と「17 の品質手法」

第 1 章

第 2 章

第 4 章

第 5 章

第 6 章

第 7 章

第 8 章

第3章 技術者に必須の「品質力」と「17の品質手法」

3.1 技術者に必要な品質力

　優秀と評価される技術者は、品質力と17の品質管理手法（以下、品質手法）を必ず身に付けています。本章では、技術者に必須の「品質力」と「17の品質手法」について解説します。

3.1.1 品質をつくり込むとは何か

　まず、技術者に必須の品質力を身に付けるために、「品質をつくり込む」とはどういうことかについて考えていきましょう。「顧客に満足してもらえるにはどうしたらよいか」を徹底的に考えると、顧客に満足してもらう品質の姿がおのずと分かってくるはずです。購入してすぐの新品の状態だけではなく、1年後、5年後、10年後も顧客に満足してもらえる製品をつくる。そのために、品質をつくり込むことは必要不可欠なのです。

　では、品質をつくり込むとは具体的には何をすることでしょうか。これには2つあります（図3-1）。1つは、品質不具合品をつくらないこと。「これでよし」と思える設計や製造、サービスをつくり込んでいくのです。もう1つは、万が一品質不具合品をつくってしまったときに、それを絶対に市場や顧客、後工程に流さないこと。「これでよし」と思えないものは、設計不具合品や製造不具合品、サービス不具合品です。すなわち、品質不具合品を発生させず、かつ流出させないことが、品質

不具合をつくらないということなのです。

　言い換えるなら、「品質不具合品をつくらず、かつ流さない。品質を
つくり込むための網を張る」ことが品質をつくり込むということです。

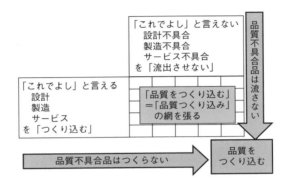

図 3-1 ●品質をつくり込むとは何か
（作成：筆者）

3.1.2 「もの」の品質と「仕事」の品質

　続いて、物（もの）の品質と仕事の品質を考えてみましょう（図 3-
2）。ものの品質は、商品（品物やサービス）に対するお客様満足度のこ
とです。その品物やサービスが使用目的を満たすかどうかを問われます。

　一方、仕事の品質は、仕事に対するお客様満足度のことです。具体的
には、業務処理能力や正確さ、有効性、達成率などです。この品質につ
いては、提案型の仕事であることが品質を向上させます。筆者が社員時
代に顧客企業から言われて嬉しかったことがあります。「皆川さん、
言ったことすらやらない会社があるんだよ。それに、言ったことしかや
らない会社がある。皆川さんのところは、頼んだ仕事以外に提案もして

　くれて、本当に助かります」——。私はこの喜びを胸に刻み、提案型の仕事をするようにしてきました。それ以来、この「会社」を「人」に置き換えて、「言ったことすらやらない人がいる。言ったことしかやらない人がいる。そのどちらもダメです。必ず何かを提案するようにしなさい」と部下や後輩、今ではクライアントやセミナー受講者を指導するようにしています。それが仕事の品質を高めることにつながるからです。

　このように、品質は「ものの品質」と「仕事の品質」の両面があって成り立つわけです。これら2つの品質を身に付け、両方を高めていきましょう。

物（もの）の品質	「もの」に対するお客様満足度	品物やサービスが使用目的を満たしているか
仕事の品質	「仕事」に対するお客様満足度	業務処理能力、正確さ、有効性、達成率、協調性、処理時間、提案型の仕事

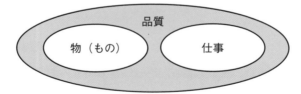

図 3-2 ●「もの」の品質と「仕事」の品質
（作成：筆者）

3.1.2 品質力とは

　品質を高めるには、品質力を身に付けなければなりません。品質力とは、品質をつくり込む力のことです。この力は、品質および品質管理の基本的な考え方をベースに、［1］人づくり、［2］仕組みづくり、［3］も

のづくりの「3本の柱」に支えられています。従って、品質力を高めるには、これら3本の柱を築き上げる必要があります（図3-3）。

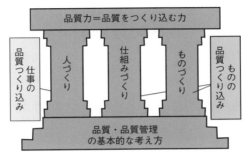

図3-3 ● 「品質力」とは
（作成：筆者）

3.1.3 品質をつくり込むための要点

品質をつくり込むための要点は3つあります。[1]「見える化」、[2] 皆で行う＝全員参加、[3] 未然防止＝「守る」から「攻める」へ──です。まずは見える化し、皆でしっかりと議論する。そこで品質不具合に気付いて未然防止へと導くのです。

品質不具合をなくすには、気付くことが必要です。気付くためには、皆で議論しなければなりません。議論するためには、見える化することが必要です。見える化することによって問題を解決できるからです。それが未然防止につながります。

見える化しなければならないことは、頭の中で「考えていること」や、部分ではなく「全体」、これから「何が起こるか（予測）」、「結果の原因」などです。「皆で議論」というのは、具体的には「開発設計」「生

産技術」「製造」「品質保証」「検査」の5部門で議論するということで
す。さらには「購買」や「営業」部門、そして「顧客」とも議論できれ
ば最高の品質になるでしょう。

　品質手法もそうです。例えば設計FMEA（故障モード影響解析）で
も、開発設計だけで実施するのではなく、先の5部門からメンバーが集
まって一緒に議論する。また、工程FMEAだからといって製造部門だ
けではなく、他の部門からもメンバーを集めて議論するのです。部門の
異なる多くのメンバーで議論することにより、いろいろなことに気付く
ことができます。これより、品質不具合の未然防止が可能になるのです。

　当然、品質不具合が起きたら問題を解決しなければなりません。加え
て、再発防止も必要です。しかし、これだけでは足りません。守るだけ
ではなく、しっかりと攻める。それが未然防止です（図3-4）。起こり
得る品質不具合を想定し、問題解決の仕方を究明する。その上で改善
し、再発を防ぐことが大切なのです。

　問題解決は、現実に起こってしまった問題の原因を究明し、解決する

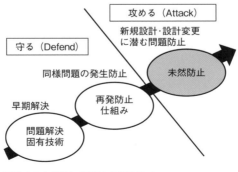

図3-4 ●未然防止（守るから攻めるへ）
（作成：筆者）

ことです。再発防止は、発生した問題が再び起きないように防止することです。そして、未然防止は、まだ起きていない問題の発生を予測し、それが起きないように未然に防止することです。

　問題解決や再発防止はスピーディーに進めなければなりませんが、どうしても新しい品質不具合が起きてしまうものです。品質不具合は過去に起きたものが再発するケースが多い一方で、新しいものも発生します。過去に起きていないからといって、品質不具合にならないとは限らないのです。従って、どのような問題が起きるかを予測し、それが起きないようにするのが未然防止です。発見や創造的行為になるため非常に難しい作業ですが、しっかりと実施しなければなりません。

　問題解決と再発防止は、その製品や対象の生産ラインなど限定的な効果しか得られません。これに対し、未然防止は全製品や全社といった幅広い領域で効果を発揮します（図3-5）。

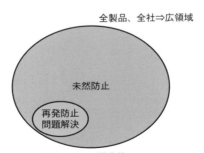

図3-5 ● 未然防止の効果
（作成：筆者）

　また、未然防止を実践するには、工程の早い段階でリソースを注ぐ「フロントローディング」の重要性を知る必要があります（図3-6）。品

質不具合やトラブル、問題が起きた影響で会社がなくなってしまった
ら、そこから問題解決や再発防止に取り組んでも手遅れだからです。さ
らにいえば、フロントローディングによる開発は当然、人が行うもので
す。従って、フロントローディング開発を実施する前に、人材教育を行
うことが大切となります。

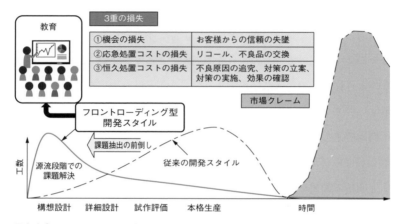

図3-6 ● フロントローディング
（作成：筆者）

3.2 品質力を支える17の品質手法

　技術者が品質力を身に付け、さらに向上させるために必要なものがあ
ります。それは、17ある品質手法です（図3-7）。具体的には以下の通
りです。

　① QCストーリー、② KPT、③自工程完結、④新製品品質保証シス
テム、⑤重点管理、⑥デザインレビュー（DR）、⑦品質保証会議（次工

程移行可否判定会議）、⑧なぜなぜ分析、⑨品質機能展開（QFD）、⑩
QC7つ道具（Q7）・新QC7つ道具（N7）、⑪多変量解析、⑫実験計画
法、⑬設計FMEA（DRBFM）、⑭FTA、⑮信頼性設計・信頼性試験、
⑯工程FMEA、⑰QAネットワーク——。

　トヨタグループではこれら17の品質手法を習得し、業務に活用して
高品質のものづくり（開発設計から生産まで）を実現しています。すな
わち、これら17の品質手法を身に付けることは、トヨタグループの技
術者にとって必須となっています。

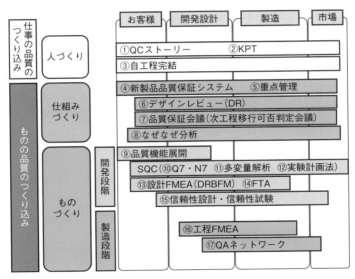

図 3-7 ●技術者に必須の 17 の品質手法
（作成：筆者）

3.2.1 技術者の業務

　技術者の業務は企画から市場対応まであります（図3-8）。具体的に

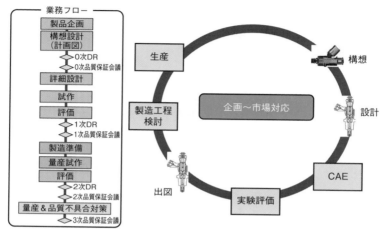

図 3-8 ●技術者の業務
（作成：筆者）

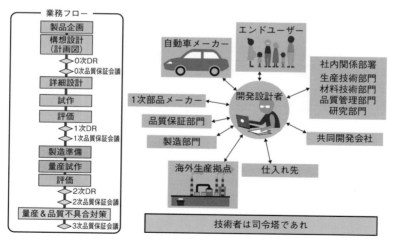

図 3-9 ●技術者は「司令塔」であるべし
（作成：筆者）

は構想から設計、CAE によるシミュレーション評価、実験評価、出図、製造工程検討、生産までがあり、このループを繰り返していきます。

　これらの業務において、技術者は司令塔でなければなりません（図3-9）。エンドユーザーや社内の関係部署、仕入れ先、海外生産拠点、製造部、品質保証部、部品メーカーなど、あらゆる所と対応するためです。

3.2.2 求められる3大技術力

　技術者には3大技術力が求められます（図3-10）。[1] 設計力と [2]

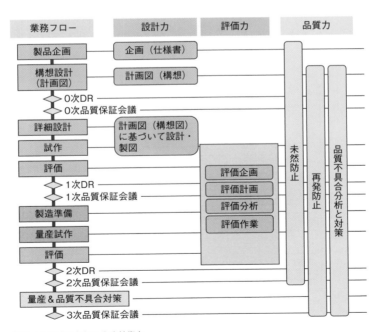

図3-10 ●求められる3大技術力
（作成：筆者）

評価力、[3] **品質力**です。

　それぞれの技術力には水準「成長レベル」があります（**図3-11**）。設計力では、レベル1は「技術者としての基礎力がある」、レベル2は「製図ができる」、レベル3は「計画図（構想図）に基づいて設計ができる」、レベル4は「計画図（構想図）を描ける」、レベル5は「企画（仕様書）ができる」となります。なお、計画図とは、設計の意図、計画を表した図面のことです。単に形を示すものではありません。計画図があれば、計画図を描いた本人がいなくても、詳細設計ができるのです。

　評価力では、レベル1は「技術者としての基礎力がある」、レベル2は「評価作業ができる」、レベル3は「評価計画に基づいて評価分析ができる」、レベル4は「評価計画ができる」、レベル5は「評価企画ができる」

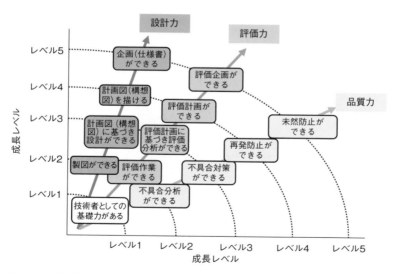

図3-11 ●求められる3大技術力
（作成：筆者）

となります。

　品質力では、レベル1は「技術者としての基礎力がある」、レベル2は「不具合分析ができる」、レベル3は「不具合対策ができる」、レベル4は「再発防止ができる」、レベル5は「未然防止ができる」となります。

　この3大技術力を身に付け、成長レベルを高めていくには、17ある品質手法を全て理解し、業務で使いこなさなければなりません。トヨタグループではよく全体最適という言葉を使います。品質手法も同じことがいえます。17ある品質手法のうち、どの品質手法をどの工程で使うべきか、また効率が最も良くなるかをきちんと理解した上で使う必要があります。あくまでも全体最適を踏まえた上で品質手法を選び、使用しなければならないのです。

　よくあるのが、知っている品質手法だけを業務に使うケースです。これでは「木を見て森を見ず」。その工程や領域だけは品質や効率が向上するかもしれませんが、決して全体最適にはなりません。また、当然ですが、知らない他の品質手法については使い方が全く分かりません。

　17ある全ての手法を習得し、どの工程でどの品質手法を使ったら最も良いかという「全体最適」をしっかり考えることで、素晴らしい品質の製品が出来上がるのです。そのため、技術者には17の品質手法を身に付けることが大切なのです。

　17の品質手法は、仕事の品質のつくり込みと、ものの品質のつくり込みの2つに大きく分けられます。このうち、仕事の品質をつくり込みには3つの品質手法があります。①QCストーリー、②KPT、③自工程完結です。

　一方、ものの品質をつくり込むための品質手法は大きく2つに分けられます。「仕組みづくり」の品質手法と、「ものづくり」の品質手法です。このうち、仕組みづくりに分類される品質手法は5つあります。具体的には、④新製品品質保証システム、⑤重点管理、⑥デザインレビュー（DR）、⑦品質保証会議（次工程移行可否判定会議；QA）、⑧なぜなぜ分析です。

　ものづくりの品質手法はさらに2つに分類されます。「開発段階」の品質手法と「製造段階」の品質手法です。このうち、開発段階の品質手法には7つがあります。⑨品質機能展開（QFD）、⑩QC7つ道具・新QC7つ道具、⑪多変量解析、⑫実験計画法、⑬設計FMEA（DRBFM）、⑭FTA、⑮信頼性設計・信頼性試験です。

　そして、製造段階の品質手法には2つあります。⑯工程FMEA、⑰QAネットワークです。

　これら17の品質手法を習得し、日頃の業務で使っていきましょう。形式的に使うのではなく、実践的に活用できるようにしてください。そのためには学ぶ際に考え方を理解し、なぜそれを使わなければならないかを理解することが大切です。

第4章

仕事の品質つくり込み

仕事の品質つくり込み

　品質力を高め、維持するために必要な17の品質管理手法（以下、品質手法）は、仕事の品質のつくり込みとものの品質のつくり込みの2つに大きく分けられます（図4-1）。このうち、仕事の品質のつくり込みは、仕事の品質を高めることを通じて人を育てる、すなわち「人づくり」のための品質手法でもあります。

　仕事の品質をつくり込むために必要な品質手法は3つあります。①QCストーリー、②KPT、③自工程完結です。順に説明していきましょう。

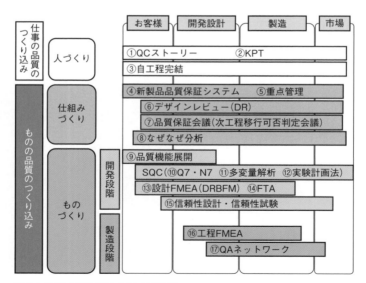

図4-1 ●17の品質手法と分類、適用領域
（作成：筆者）

4.1 品質手法①QCストーリー

　QCストーリーは、問題解決の基本です（**図4-2**）。仕事とは問題の連続。それらの問題を解決するための手法がQCストーリーなのです。

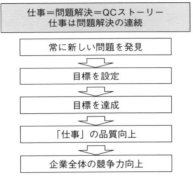

図4-2 ●QCストーリーとは仕事における問題解決手法
（作成：筆者）

　QCストーリーの目的は、**仕事の品質づくり**です（**図4-3**）。仕事の品質づくりとは、誰もが、ばらつきがなく、高いレベルで問題を解決し、仕事の品質を上げることです。QCストーリーの使い方は、仕事の進め方の標準となる「QCストーリー」を作成し、PDCA（Plan；計画、Do；実行、Check；評価、Action；改善）サイクルを回します。こうしてスパイラルアップさせていくのです。

　QCストーリーを使い続ければ、仕事の中で常に新しい問題を発見し、目標を設定して解決に持ち込むことができます。そのため、仕事の品質を高めることが可能なのです。皆が使うようになれば、全社の競争力が上がります。

<目的>

誰もが、ばらつきがなく、高いレベルで仕事の品質づくりをできるようにする

<方法>

仕事の進め方の標準となるQCストーリーに従い、PDCAを回す。

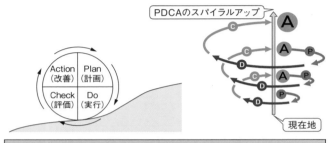

図 4-3 ● QC ストーリーの目的と方法
（作成：筆者）

4.1.1 QC ストーリーの実施手順

QC ストーリーの実施手順は9つあります（表 4-1）。(1) 問題の明確化（テーマの選定）、(2) 現状把握、(3) 目標設定、(4) 要因解析、(5) 対策立案、(6) 対策実施、(7) 効果確認、(8) 標準化と管理の定着、(9) 反省と今後の対応——です。

まずは（1）の問題の明確化。ぼんやりと意識している問題を明確にします。「あるべき姿」と「現状の姿」から問題を明確にし、活動テーマを選定しましょう。続いて、(2) の現状把握で問題を層別にし、狙いを定めるために現在の状況を「事実」として確実につかみます。

次は（3）の目標設定。「何を」「どれだけ」「いつまでに」の3つを明

確にします。その後、（4）の要因解析で、真の原因をつかむために、（2）の現状把握で取り上げた問題点をさらに深く調査します。

　続いて、（5）の対策立案では、原因の発生を防ぐために、対策とその実行計画を立案します。そして（6）の対策実施で、実行計画に基づいて対策を確実に実行します。

　次に、（7）の効果確認で、目標に対してどれくらい効果が上がったのかを把握。（8）の標準化と管理の定着で、対策を実施した効果が元に戻らないようにします。最後に、（9）の反省と今後の対応で、活動の結果とプロセスを反省し、今後の計画を立案します。

手順	実施項目	内容
1	問題の明確化 （テーマの選定）	ぼんやりしている問題意識を明確にする。 「あるべき姿」と「現状の姿」から問題を明確にし、活動テーマを選定する。
2	現状把握	問題を層別にし、狙いを定めるために現状の状況を「事実」として確実につかむ。
3	目標設定	「何を」「どれだけ」「いつまでに」を明確にする。
4	要因解析	真の原因をつかむため、現状把握で取り上げた問題点をさらに深く調査する。
5	対策立案	原因を発生させないために、対策とその実行計画を立案する。
6	対策実施	実行計画に基づき、対策を確実に実行する。
7	効果確認	目標に対してどれくらい効果が上がったのかを把握する。
8	標準化と管理の定着	対策を実施した効果が元に戻らないようにする。
9	反省と今後の対応	活動の結果とプロセスを反省し、今後の計画を立案する。

表 4-1 ●QC ストーリーの実施手順
（作成：筆者）

　問題とは、**あるべき姿**と**現状**との**差（ギャップ）**のことです。まず、ぼんやりとした状態から問題を明確にして、解決すべきテーマを選定します。続いて、現状をしっかり把握して目標を設定します。目標を決め

たら、その目標に対してさらに深掘りしていきます。次に要因を解析し、その対策立案を決めて、実行計画を立てます。実行計画を立てたら、その方針に従って実施する。そして、効果を確認。効果があれば標準化し、管理を定着させていくという流れになります。

　もう少し詳しく解説すると、問題の明確化とは、なんとなく感じている問題意識の中から、あるべき姿を見つけ出すことです。あるべき姿と現状とのギャップが「問題」となるので、問題を解決するには、あるべき姿を想定し、現状をしっかりと把握することが求められます。

　こうして目標設定に移ります。「何を」「どれだけ」「いつまでに」を明確にし、真因（品質不具合を生んだ仕組みの原因）をつかむために、現状で把握している要因をさらに深掘りしていきます。次に、要因（真因）を発生させないために、対策とその実行計画（アクションプラン）を立案し、それを実行に移します。

　対策を実施したら、効果を確認します。ここで、目標に達成していない場合に、すぐに対策立案に戻る人がいますが、まずは実行計画通りに実施したかどうかを振り返ってください。計画通りに実施しなければ、当然目標を達成することはできません。計画通りに実施できなかった場合は、対策を考え直す前に、「なぜ計画通りにできなかったのか」を検証しなければなりません。

　目標を達成して効果が出たら、それを標準化した上で管理を行い、社内への定着を図ります。これで問題に対する解決方法が社内標準になるのです。そして、最後に全体活動を通して良かった点と悪かった点を振り返り、次の活動にフィードバックします。

あるべき姿と期限を忘れないこと

　QCストーリーで最も重要なのは、あるべき姿を導き出すことです。これを怠り、「今日はこれが問題だ」などと、いきなり問題点を探し出す人がいます。しかし、それでは根本的な問題解決にはつながりません。問題は、あくまでもあるべき姿と現状とのギャップ（問題＝あるべき姿 − 現状）です。逆にいえば、「問題」というからには、必ずあるべき姿が存在するということです。従って、あるべき姿を見つけ出すことから始める必要があります。

　忘れてはならないのは、**目標設定**において期限を設けることです（**図4-4**）。目標設定では**何を、どれだけ、いつまでに**の3つを決めなければなりませんが、「いつまでに」の設定を忘れるケースが目に付きます。

手順1 問題の明確化 （テーマ選定）				
手順2 現状把握				
手順3 目標設定				
手順4 要因解析	他拠点とのデザインレビューが実施できる 会議システムを構築する			

目標設定の視点	何を	どれだけ	いつまでに
大目的 （Willこうしたい）	多人数PC 会議を	国内外拠点間で 運用	12月30日までに
外部環境 （Mustやらねばならぬ）	多人数PC 会議を	事業部内間で運 用	9月30日までに
内部環境 （Canできる）	少人数PC 会議を	事業部内間で運 用	6月30日までに
目標	多人数PC 会議を	国内外拠点間で 運用	12月30日までに

手順5　対策立案
手順6　対策実施
手順7　効果確認
手順8　標準化と管理の定着
手順9　反省と今後の対応

図 4-4 ●目標設定の3つの視点
（作成：筆者）

特に若い人に多く見られるため、注意が必要です。しかも、この「いつまでに」の期限次第で目標達成の難易度は上下します。例えば、「1年後に」であれば「まあ、できるかな」というレベルでも、「明日までに」と言われれば非常に難しくなります。

　そこで、考えてほしいのが3段階の目標を設定することです。**Will：こうしたい**と**Must：やらねばならない、Can：できる**の3つです。これにより、どのような根拠で目標を決めたのかを示し、そこから「何を」「どれだけ」「いつまでに」を考えた3つのレベルの目標を設定するのです。QCストーリーはいろいろな業務に使えます。例えば、①日々の仕事の問題解決、②品質改善、③業務改善、④技術発表会、⑤SQC（統計的品質管理）、⑥QCサークル、⑦マネジメント発表会などでの活用が考えられます。

4.2 品質手法②KPT（けぷと）

　KPTは、改善の基本です（図4-5）。KPTは「けぷと」と読みます。仕事は継続的に改善していかなければなりません。それらの改善を進めるための手法がKPTです。

　仕事の問題解決にはQCストーリーを使うと先述しましたが、仕事の改善にはKPTを使います。新たな問題を発見して目標を設定したものの、目標達成できなかったときに改善を実行します。

　KPTの目的は、「仕事の品質改善」です（図4-6）。良い点をさらに伸ばす一方、悪い点を改善します。QCストーリーと少し似たところが

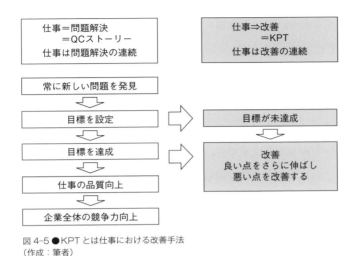

図 4-5 ●KPT とは仕事における改善手法
（作成：筆者）

ありますが、誰であってもばらつきが小さく、かつ高いレベルの仕事の品質改善ができることが KPT の特長です。

進め方は、PDCA における「CA」の部分だけを使います。QC ストーリーでは P から始めますが、KPT では C からスタートして A に移行し

図 4-6 ●KPT の目的とその方法
（作成：筆者）

ます。すなわち、PDCA を回すのではなく、CA を回すのが KPT です。

　KPT は、**Keep** と **Problem**、**Try** の頭文字を取ったものです。テーマに対し、Keep と Problem、Try を用紙に記載していきます（図4-7）。例えば、「品質力を高める」というテーマを設定するとします。テーマを決めて振り返ると、どうしても悪い行動を思い浮かべがちですが、良い行動もあるはずです。この、続けたい良い行動が Keep となります。これに対し、問題や障壁、リスクを Problem として取り上げます。これら 2 つを見て、試す改善案が Try となります。

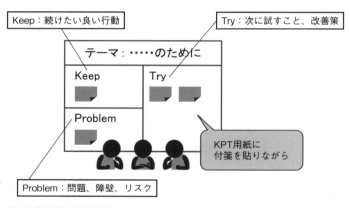

図 4-7 ●KPT の記載事項
（作成：筆者）

　とても簡単に改善を進めることができます。大切なのは、繰り返すことです（図4-8）。Keep と Problem、Try を繰り返し、改善できたものは Keep に入れます。まだ改善できていないものは次の Problem に入れ、さらに新しい問題も Problem に入れ、次の Try で改善に挑んでいくのです。

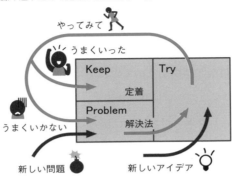

繰り返すだけで効果が加速度的に増していく

図4-8 ●KPTによる繰り返しの効果
（作成：筆者）

KPT の実施手順

　KPT の実施手順は10あります（**表4-2**）。（1）集合および進行役の決定、（2）振り返りのテーマの決定、（3）KPT用紙の準備、（4）個人での振り返り、（5）チームでの共有、（6）KPT項目の位置付け、（7）チームの次の行動の決定、（8）行動、（9）集合、（10）行動したことを含めた振り返り――です。

　まず、メンバーに集まってもらって進行役を決め、振り返るテーマ（改善したい問題）を決めます。KPTに使う用紙はできれば、A0判サイズくらいの大きさを用意した方がよいでしょう。用紙を準備したら、まずは個人でKeepとProblem、Tryについて振り返ります。続いて、皆でKeepとProblem、Tryのそれぞれを付箋紙に書き、進行役が主導して似た内容を集約しながらKPT用紙に貼り付けていきます。続いて、親和図法を使いながら付箋紙をグルーピングし、Keepと

Problem、Try の 3 つをチームで共有します。経験を積んだら、ここで難易度や緊急性を踏まえてグルーピングを行います。

こうして Try で決めた改善策（行動）を実行に移し、実行したら 1 週間後や 1 カ月後など期間を決めて定期的にチームで集まります。そして、改善した結果について振り返ります。ここで問題の改善が達成されたら終了。達成しなかったら、再び個人で Keep と Problem、Try を振り返るところまで戻り、以降は同じ手順で進めて問題の改善が達成するまで繰り返していきます。

KPT は、比較的気軽に使えるという特徴があります。例えば、職場の仕事の進め方の改善や、悩んでいる部下の改善などにも利用できます。

手順	実施項目	備考
手順 1	集合および進行役を決める	
手順 2	振り返りのテーマを決める	
手順 3	KPT 用紙を準備する	
手順 4	個人で振り返る Keep（続けたい良い行動） Problem（問題、障壁、リスク） Try（次に試すこと、改善策）	付箋紙に書く
手順 5	チームで共有する	
手順 6	KPT 項目を位置付ける	書いた KPT の位置付けを 難易度、緊急性で整理する
手順 7	チームの次の行動を決める	
手順 8	行動する	
手順 9	集合する	
手順 10	行動したことを含めて振り返る	達成しなかったら手順 4 に戻る 達成したら終了

表 4-2 ●KPT の実施手順
（作成：筆者）

4.3 品質手法③自工程完結

　自工程完結は、「品質は工程でつくり込む」という考えに基づく品質向上の手法です。自ら工程を完結させるという意味です。完結したことを自ら判断し、確認する活動です。一言で言うなら**これでよし！活動**と表現することができます。

　1つの仕事を判断するときに、「OK、これでよし」と言えるようにするのが自工程完結です。自分が担当する仕事に対し、自ら工夫してその場で良しあしを判断しながら仕事を進め、改善し続ける行動と表現することもできます。

　この自工程完結はトヨタ自動車の工場で生まれた「自働化」が発展したものです。自働化とは、にんべんが付いた「働」という文字を使っている通り、いわゆる自動化（オートメーション）ではありません。品質や設備に異常が起こった場合に、機械が自ら異常を検知して止まり、不良品の発生を未然に防ぐことです。これをトヨタ自動車は工場外のスタッフ部門にまで広げました。それが自工程完結です。従って、自工程完結の基本的考え方は自動化と同じ。後工程に品質不具合を流さないことです。自動化はもの（物）ですが、自工程完結は仕事の不具合を後工程に流さないということになります。

　自工程完結では、八百屋さんがよく引き合いに出されます。八百屋さんは自分が行った仕事の結果がすぐに分かるため、達成感が味わえてモチベーションが上がる、という意味です。新鮮で安全な野菜を安く売ればお客様が喜び、高くてまずければお客様は二度と買ってくれません。

このように、自分が行った仕事の結果がすぐに分かり、良い工夫をすれば達成感が味わえます。

自工程完結の実施手順

　自工程完結は5つの手順から成ります（図4-9）。(1) 仕事の目的・目標を明確にする、(2) 他部署との関連を含めた仕事のプロセスを描く、(3) 仕事のプロセスを要素作業単位に分解する、(4) 要素作業ごとに良品条件と判断基準を決める、(5) 実務で運用する──となります。

　まず、仕事の目的・目標をしっかり明確した上で、他部署との関連を含めた自分の仕事のプロセスをきちんと描く。続いて、仕事のプロセスを要素作業単位にしっかりと分解していきます。要素作業単位に分解するのは、「これでよし」と個人が判断できる最小の単位まで追求するためです。分解したら、良品条件と判断基準を科学的、理論的、定量的に

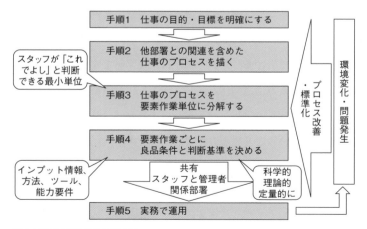

図4-9 ●自工程完結の実施手順
（作成：筆者）

きちんと決定します。こうして実務で運用し、環境の変化や問題の発生で仕事のプロセスを改善が必要になればそれを行い、うまくいった場合は標準化して社内への定着を図ります。

自工程完結の事例：厚さ2cmのトーストを作る

　事例を示しましょう。トースト作りの自工程完結の事例です。厚さ2cmのトーストを作ります。まず、手順（1）で仕事の目的・目標を明確にします（図4-10）。目的は、お客様においしく食べてもらうこと。目標は、味と食感、においの3つのアンケート評価点を今月中に4点以上にすることです。QCストーリーと同じく、目標設定は「何を」「どれだけ」「いつまでに」の3つを決める必要があります。この場合は、何を：アンケート評価点（味、食感、におい）、どれだけ：4点以上、いつまでに：今月中、となります。

　ここでポイントは、目的および目標が次の2つの条件を満たしていることです。①後工程を含む全てのお客様のニーズを反映していること、②理論的・定量的に判断できること、です。

お客様に
【目的】おいしく食べてもらう
【目標】何を：アンケート評価点（味、食感、におい）
　　　　どれだけ：4点以上
　　　　いつまでに：今月中

【ポイント】
　目的・目標は
　①後工程を含む全てのお客様のニーズを反映していること
　②理論的・定量的に判断できること

図4-10 ●手順（1）仕事の目的・目標を明確にする（トースト作りの自工程完結）
（作成：筆者）

　続いて、手順（2）で他部署との関連を含めた仕事のプロセスを描きます（図4-11）。工程1：パンを切る、工程2：パンを焼く、工程3：バターを塗る、となります。ここでポイントは次の2点を満たすことです。①目的・目標を達成するためにつくり込むべき特性の全てを検討するプロセスであること、②不明確な良品条件や判断基準に対し、それら

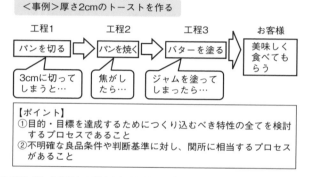

図4-11 ● 手順（2）他部署との関連を含めた仕事のプロセスを描く（トースト作りの自工程完結）
（作成：筆者）

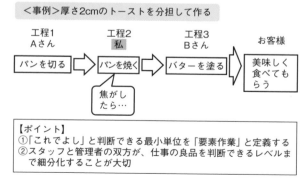

図4-12 ● 手順（3）仕事のプロセスを要素作業単位に分解する（トースト作りの自工程完結）
（作成：筆者）

の関所に相当するプロセスがきちんとあること、です。

　次に、手順（3）で仕事のプロセスを要素作業単位に分解します（図4-12）。すなわち、分担して厚さ2cmのトーストを作れるようにします。例えば、工程1を「Aさん」、工程2を「私」、工程3を「Bさん」が担当するとしたら、私が担当するパンを焼く工程2では、「これでよし」と判断する最小単位が要素作業単位となります。これはAさんが担当する工程1でも、Bさんが担当する工程3でも同様です。

　このように、ポイントの1つは、①「これでよし」と判断できる最小単位を「要素作業」と定義することです。もう1つは、②スタッフと管理者の双方が、仕事の良品を判断できるレベルまで細分化することが大切である、ということです。

　続いて、手順（4）で要素作業ごとに良品条件と判断基準を決めます（図4-13）。「私」が担当する、パンを焼く工程2では、仕事を始める前に考えるべきことと、仕事を終える前に考えるべきことの2つがあります。仕事を始める前に考えるべきことが良品条件です。すなわち、「良品を作るために必要なことはそろっているか」となります。具体的には、インプットや道具、方法、能力、注意点について必要なことがそろっているかを確認します。例えば、インプット（必要なもの）：厚さ2cmのパンがあるか、道具（何を使って）：オーブンかトースターはあるか、方法（どのように）：温度と時間はどれくらい必要か、パンを焼くのは両面か片面か。能力（必要なスキル）：器具は使えるか、注意点（共有知識、注意点、理由、参考資料など）：素手で安全に作業できるか、また清潔を保てるか──といった具合になります。中でも、大切なのは能

力の条件です。その作業ができる能力をきちんと持つ人が担当している
かどうかをチェックする必要があります。

　一方、仕事を終える前に考えるべきことは、判断基準です。この判断
基準とは「後工程の期待やニーズを満足しているか」ということになり
ます。この事例の場合、後工程は、バターを塗る工程3です。従って、
工程3を担当する「Bさん」が前工程（パンを焼く工程2）に対して抱
く期待やニーズを満たしているかどうかを考える必要があります。例え
ば、バターが塗りやすい焼き方になっているか、おいしく焼けたか、を
確認する必要があるというわけです。

　仕事を始まる前と終わる前にこれらの項目をチェックし、「これでよ
し」といえるようにしなければなりません。

工程2 私 パンを焼く	仕事を始める前に考える	必要なことはそろっているか ・インプット　厚さ2cmのパンがあるか？ ・道具　　　　オーブン？　トースター？ ・方法　　　　温度は？　時間は？　両面？　片面？ ・能力　　　　器具は使えるか？ ・注意点　　　素手で安全か？　清潔か？
	仕事を終える前に考える	後工程の期待やニーズを満足しているか ・バターが塗りやすいか、おいしくできたか

自分の仕事を「これでよし」と言えるように

図4-13●手順（4）要素作業ごとに良品条件と判断基準を決める（トースト作りの自工程完結）
（作成：筆者）

　前工程（パンを切る工程1）からパンが届いたら、パンを焼く工程2
を担う「私」は、必要なことはそろっているかどうかという良品条件
（インプット、道具、方法、能力、注意点）がそろっているかどうかを確
認します（図4-14）。全て整っていることをチェックしたら、「これで

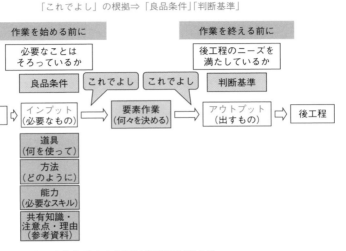

「これでよし」の根拠⇒「良品条件」「判断基準」

図 4-14 ● 手順（4）要素作業ごとに良品条件と判断基準を決める
（作成：筆者）

よし」と判断し、作業（要素作業）を行います。こうして要素作業を終えたら、後工程の期待やニーズを満たしているかどうかを判断します。その判断基準は先述の通り、バターが塗りやすいか、おいしくできたか、です。これらを満たしていることを確認したら、再度「これでよし」と判断し、焼いたパンを後工程に送り出します。

気付きシートで問題や課題を見つける訓練を

このように、自工程完結では、①仕事の良しあしをその場で判断できること、②その時点で対処できる状態にあること、の2つが大切になります。これを身に付けなければ、問題や課題を見つけることができず、仕事を改善できないからです。しかし、これらの条件を身に付けるのは

簡単ではありません。トレーニングが必要です。このトレーニングに使えるツールが、「気付きシート」です。

　気付きシートは、1つひとつの仕事の自工程完結状態を確認するときに使用します（**図4-15**）。ポイントは、「できないこと」に注目して、できないことを明示して、皆で改善に取り組むことが大切です。管理者は、改善すべき課題を把握して改善を推進してほしいと思います。

　気付きシートには、「区分」の欄が（1）**仕事の目的・目標**、（2）**仕事のプロセス**、（3）**良品条件**、（4）**判断基準**、になっています（**図4-16**）。そして、それぞれの「チェック項目」の欄には、（1）「この仕事の目的・目標を明記しているものがありますか？」（2）「この仕事の目的・目標を達成するための業務プロセスを明記しているものがありますか？」（3）「要素技術を行うために必要な前提条件・他からのインプットを明記しているものがありますか？」「要素作業ごとに必要な方法・

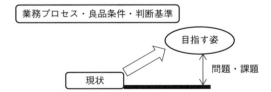

図4-15 ● 気付きシートの活用
（作成：筆者）

仕事：【　　　　　　　　　　　　　　　　　　　　　　　　　　　　　】

〔現状凡例〕　○：OK　×：NG

No	区分		チェック項目	現状		資料 (仕組み名)	気付いた課題 (担当者と上司で共有)
				担当	上司		
1	仕事の 目的・目標		この仕事の目的・目標を、明記しているものが ありますか？				
		①	後工程を含む全てのお客様ニーズが反映さ れていますか？				
		②	目的・目標は、論理的・定量的な判断基準 になっていますか？				
2	仕事の プロセス		この仕事の目的・目標を達成するための業務プ ロセスを明記しているものがありますか？				
		①	目的・目標を達成するためのつくり込むべき 特性を、全て検討するプロセスになって いますか？				
		②	つくり込むべき特性ごとのプロセスが、最 小単位（要素作業）まで細分化されていま すか？				
		③	インプットとアウトプットのタイミングを 関係部署と調整するプロセスはあります か？				
		④	仕事を始める前に、従来通りのプロセスで よいかどうかを確認することになっていま すか？				
		⑤	仕事を振り返り、プロセスや良品条件・判 断基準を改良するプロセスは織り込まれて いますか？				
	関所	⑥	プロセス・良品条件・判断基準が不明確な 場合の関所はありますか？				
3	良品 条件	3-1 インプット 情報	要素技術を行うために必要な前提条件・他から のインプットを、明記しているものがあります か？				
		①	この仕事をするために、十分なものになっ ていますか？				
		②	受け取るインプット情報（もの・サービス） に対する要件を相手に伝えていますか？				
	3-2 方法・ 道具		要素作業ごとに必要な方法・道具を明記してい るものがありますか？				
		①	この仕事をするために、十分なものになっ ていますか？				
	3-3 能力		標準プロセス・標準作業を進行できるスタッフ の必要能力を明記しているものがありますか？				
		①	能力要件を満足させるための方策はありま すか？				
	3-4 情報 システム		仕事のプロセス・良品条件（職場のナレッジ） はどこに収納されていますか？				
		①	共有化されていますか？				
		②	仕事のプロセスの進行に合わせて、ナレッ ジが提供される仕組みになっていますか？				
		③	良品条件・判断基準の根拠（失敗経験・ベ ストプラクティス）が、分かるようになっ ていますか？				
4	判断基準 （合格範囲）		仕事の達成状況を判断する評価尺度や目標を明 記しているものがありますか？				
		①	要素作業ごとの判断基準になっています か？				
		②	科学的・論理的・定量的な判断基準になっ ていますか？				

図 4-16 ●気付きシートのサンプル

（作成：筆者）

道具を明記しているものがありますか？」「標準プロセス・標準作業を
進行できるスタッフの必要能力を明記しているものがありますか？」
「仕事のプロセス・良品条件（職場のナレッジ）はどこに収納されていま
すか？」、(4)「仕事の達成状況を判断する評価尺度や目標を明記してい
るものがありますか？」——と入っています。

　これらの質問に従い、1人ひとりが「現状」がどうか（○か×か）と
「資料（仕組み名)」「気付いた課題」を書き込んでいきます。担当者と上
司がセットになって記述し、気付きシートの情報を共有するとよいで
しょう。

　最初は、「明記しているものがありますか？」という質問はハイレベ
ルかもしれません。その場合は「明確になっていますか？」という質問
に変え、回答するハードルを下げてみましょう。慣れてきたら元に戻し
てください。

　自工程完結が大きな効果を発揮する例に、実験を要する開発設計の仕
事があります。実験室から開発設計室に戻り、設計図を見ながらデータ
を整理して初めて「あ、間違っていた」と気付くことがあります。技術
者なら経験があるでしょう。この場合、当然、実験室に戻って実験をや
り直すことになります。ところが、実験室に戻ると、後工程の人がその
間違った実験の結果を踏まえて、実験していることがあります。する
と、いくつも実験をやり直さなければならない上に、実験設備を作り直
す手間が生じることになります。そうしたことを防ぐため、実験に自工
程完結を導入すれば、その場で異常を判断でき、どうしたらよいかをそ
の場で判断できる。すなわち、ムダなく効率的に仕事ができるのです。

第5章

「もの」の品質つくり込み
仕組みづくり

「もの」の品質つくり込み　仕組みづくり

　「もの」の品質をつくり込むために必要な品質管理手法（以下、品質手法）は大きく2つに分けられます。**仕組みづくり**の品質手法と、**ものづくり**の品質手法です（**図5-1**）。

　このうち、仕組みづくりに分類される品質手法は5つあります。具体的には、④**新製品品質保証システム**、⑤**重点管理**、⑥**デザインレビュー（DR）**、⑦**品質保証会議（次工程移行可否判定会議）**、⑧**なぜなぜ分析**です。順に解説していきましょう。

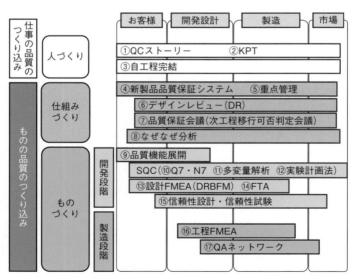

図5-1 ● 17の品質手法と分類、適用領域
（作成：筆者）

5.1 品質手法④新製品品質保証システム

　新製品品質保証システムは、品質問題を絶対発生させないための節目管理システムです。新製品開発において品質問題を絶対に発生させないように、受注から出荷までの各ステップにおいて品質が確実につくり込まれていくように管理しつつ、新製品開発を進めていきます。

　製品企画を終えると、製品設計や試作、評価に移行します。この移行前の節目で、新製品品質保証システムを実施し、品質上の問題の有無を確認して、問題がなければ次のステップへの移行を認めます。同様に、評価と量産準備の節目、量産試作・評価と初期流動の節目、初期流動と定常流動の節目と、各節目で品質が確実につくり込まれているかどうかを管理するのが、この新製品品質保証システムの狙いです（図5-2）。

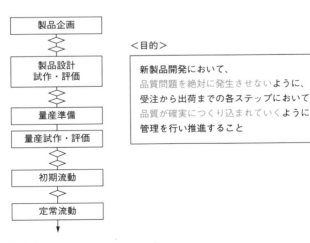

図5-2 ●新製品品質保証システムの狙い
（作成：筆者）

　新製品品質保証システムを実施する製品は、（1）新製品、またはそれに類する設計変更を要する製品や、（2）工程を変更する製品、そして（3）従来と同じ製品でも、使用環境条件が大幅に変わる製品となります。中でも、（3）のケースを見落とす傾向があるので注意が必要です。

　今では製品を世界中の市場に投入することが当たり前になってきました。これに応じて、地域特有の環境や使われ方を把握することがとても重要になっています。例えば、自動車の場合は、米国では融雪塩による電子制御ユニット（ECU）の腐食、欧州では燃料性状による燃料噴射装置（インジェクター）の摺動不良、ロシアでは塩化カルシウムの融雪剤によるラジエーター樹脂製タンクの割れ、インドでは高頻度なアイドリングストップによるスターターのオーバーラン、中国では黄砂によるラジエーターの詰まりや、違法電波ノイズによるスマートキーの誤作動など、地域によってさまざまな品質不具合が発生します。

　中国では、洗車時にエンジンルーム内部にバケツで水をかけて洗うユーザーがいました。これではエンジン搭載製品に内部浸水の危険性があります。そこで、トヨタ車ではエンジンルーム搭載製品を防水仕様にしました。こうして洗ったエンジンルームに、有機シリコン製ワックスを付けて艶出しを行うユーザーもいます。ところが、この有機シリコン製ワックスは接点障害を引き起こす危険性があります。そのため、トヨタ車では開放型接点の使用を避けています。

5.1.1 新製品品質保証システムの進め方

　新製品品質保証システムの進め方は、まず新製品の**品質保証指定**（後

述）を行った上で**０次のデザインレビュー**を実施し、**０次の品質保証会議（詳細設計移行可否決定）**を開催する。ここで「可」であれば、詳細設計に入ります（**図5-3**）。

こうして詳細設計を進め、試作・評価を終えたら、**１次のデザインレビュー**を行った後、**１次の品質保証会議（量産移行可否決定）**を実施します。ここで「可」であれば、量産設計へと進みます。

量産設計を進め、量産試作・評価を終えたら、**２次のデザインレビュー**を行い、**２次の品質保証会議（出荷可否決定）**を実施します。ここで「可」であれば、**初期流動（出荷）**へと進みます。そして、初期流動をへて、**３次の品質保証会議（新製品品質保証指定解除）**を行うという流れとなります。各ステップで確実に実施することが大切です。

新製品品質保証システムで最初に行う新製品品質保証指定とは、製品

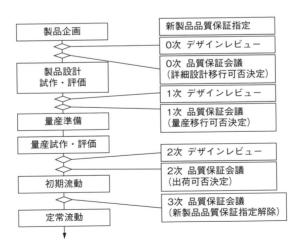

図5-3 ●新製品品質保証システムの進め方
（作成：筆者）

や工程の新規性および環境変化を考慮し、指定区分を決定して、それに応じた決裁者が出荷決済を行うことです（図5-4）。

指定区分と出荷決裁者は、最高が**P**ランクで品質最高責任者（副社長や専務など）となります。Pランクの指定基準は、（1）事業部として初めて発売する新規製品や（2）現製品の次期型製品、（3）新規システムおよび現システムの大幅変更、（4）重点管理の大幅変更製品となります。

次いで、**A**ランクは事業部長が出荷決裁者を務めます。指定基準は、（1）現製品の大幅変更製品（製品の機能・性能に関する部位の変更製品）、（2）重点管理特性の部分変更となります。

続いて、**B**ランクは品質保証部長が出荷決裁者を担当します。指定基準は、現製品の部分的変更製品（他機種で実績のある構造を踏襲した変更製品）となります。

<狙い>

製品や工程の新規性および環境変化を考慮し、指定区分を決定して、指定区分に応じた決裁者が出荷決済を行う

<指定区分と出荷決裁者>

指定区分	指定基準	出荷決裁者
P	（1）事業部として初めて発売する新規製品 （2）現製品の次期型製品 （3）新規システムおよび現システムの大幅変更 （4）重点管理の大幅変更製品	品質最高責任者 （副社長や専務など）
A	（1）現製品の大幅変更製品 ・製品の機能・性能に関する部位の変更製品 （2）重点管理（S、E、F、C）特性の部分変更	事業部長
B	現製品の部分的変更製品 ・他機種で実績のある構造を踏襲した変更製品	品質保証部長
C	P、A、B以外の製品	品質保証部長

図5-4 ●新製品品質保証指定
（作成：筆者）

　そして、Cランクも品質保証部長が出荷決裁者を担い、指定基準はP〜Bランクの指定基準以外の製品となります。

5.2 品質手法⑤重点管理

　重点管理は、重大な問題を絶対に発生させない仕組みです。市場で重大な問題を発生させないために、重点管理が必要な製品や特性に対して重点管理指定し、予防管理を行うことが重点管理の目的です。

　重大な問題とは、安全や法・規制に関する問題です。具体的には、重点管理指定区分があり、指定記号と機能、内容が定められています（**表5-1**）。

　S：保安指定（Safety）は、不良や故障、取り扱いの不具合が、人身事故や車両火災、その他の重大事故につながる恐れのあるものです。

　E：排気指定（Emission）は、不良や故障が、排出ガス浄化機能や排出ガス関連特性の感知・警報表示機能の阻害につながる恐れがあるもの

指定記号	機能	内容
保安指定 S	Safety	不良や故障、取り扱いの不具合が、人身事故や車両火災、その他の重大事故につながる恐れがあるもの
排気指定 E	Emission	不良や故障が、排出ガス浄化機能や排出ガス関連特性の感知・警報表示機能の阻害につながる恐れがあるもの
走行機能指定 F	Fahren	不良や故障が、装着車の走行機能の阻害につながる恐れがあるもの
重要指定 C	重要機能故障	不良や故障の影響が、上記以外の重要機能阻害につながる恐れがあるもの

表5-1 ●重点管理指定区分
（作成：筆者）

です。**F：走行機能指定（Fahren）**は、不良や故障が、装着車の走行機能の阻害につながる恐れがあるものです。**C：重要指定（重要機能故障）**は、不良や故障の影響が、それ以外の重要機能阻害につながる恐れがあるものです。

5.2.1 重点管理の進め方

重点管理の進め方は、まず製品設計の段階で製品の重点管理指定を行います（**図5-5**）。続いて、これを踏まえて品質管理点設定要求書を作成。次に、製造部門が工程管理の方法を検討します。

その後、量産準備の段階に入る前に品質管理点設定要求書を発行し、量産準備の中では工程管理方法を決定します。

続いて、量産（初期流動）の段階に入る前に、工程管理がきちんと実

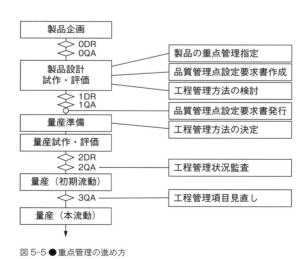

図 5-5 ●重点管理の進め方
（作成：筆者）

施されるか工程管理状況を監査する。そして、最後に量産（本流動）の段階に入る前に、工程管理項目を見直します。

　製品に対して重点管理指定を行うと、設計部門は設計の意図を製造部門にしっかりと伝えるために**品質管理点設定要求書**を発行します（図5-6）。加えて、安全設計に配慮し、フェールセーフ設計やフールプルーフ設計、冗長設計などを導入。さらに、安全性の重点確認も行います。

　一方、製造部門は、工程を表示して作業者を指名し、全数保証を実施します。外注ではなく、社内生産が原則です。そして、発生防止と流出防止の両面から不良品を外部に流さない仕組みであるQAネットワーク（詳細は第7章を参照）を実施し、高い保証度を確保します。

　この重点管理指定を行った場合に、特に大きな負担がかかるのが製造部門の全数保証の実施です。重点管理指定の対象となった製品について、全数検査を行わなければならないからです。品質を高めたい設計部門は、比較的積極的に重点管理に指定したがる傾向がありますが、その分、製造部門が受ける負荷は大きくなります。そのため、重点管理指定の際には、両部門で話し合って決めるとよいでしょう。

　図5-7が、製品部門が作成する品質管理点設定要求書です。品番や品名、機能、重要度を記し、故障モードや故障の影響、故障の原因およびメカニズムを記載。そして、重点管理指定主旨についても書き込みます。これを読めば、製造部門が全数検査する際にどのようにすればよいかが分かります。

　ただし、全数検査ができないものもあります。例えば、溶接による接

設計上	・設計の意図の伝達と充実 　⇒品質管理点設定要求書を記載・発行する ・安全設計への配慮 　⇒フェールセーフ設計、フールプルーフ設計、冗長設計他 ・安全性の重点確認
製造上	・工程表示と作業者指名 ・全数保証の実施 ・原則、社内生産とする（外注は不可） ・QA ネットワーク（発生防止と流出防止の両面から不良品を外部に流さない 　仕組み）による高保証度の確保

図 5-6 ●重点管理指定時の実施内容
（作成：筆者）

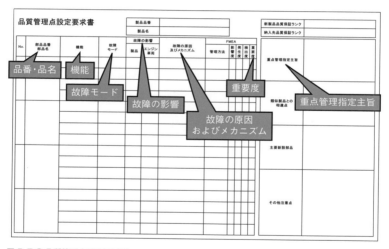

図 5-7 ●品質管理点設定要求書
（作成：筆者）

合部分の強度など、破壊しなければ検査できないものです。こうした製品に対しては条件管理を行います。例えば溶接部分の場合は、電流の値や電流を流した時間などの条件を管理することで代替するのです。

5.3 品質手法⑥デザインレビュー（DR）と⑦品質保証会議（QA）

　デザインレビュー（DR；Design Review）は、設計根拠を明確にして品質不具合品（不良品）を造らないための手法です。一方、**品質保証会議**（QA；Quality Assurance）は、品質問題の残存をゼロにし、品質不具合品を流出させないための手法です。

　注意すべきは、それぞれの手法を独立して実施・運用することです。2つの手法をごちゃ混ぜにして一緒に行ってはいけません。デザインレビューと品質保証会議を別々に実施することで、"鉄壁"の品質をつくり込むことが両手法の目的だからです（図5-8）。

　デザインレビューと品質保証会議は、まず製品企画の段階を終えて製品設計の段階に入る前に、0次のデザインレビューを行い、続いて0次の品質保証会議を実施します（図5-9）。これらにより、量産設計を開始しても問題がないことを確認します。

　続いて、量産準備の段階に入る前に、1次のデザインレビューを行い、

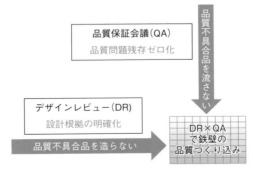

図5-8 ●デザインレビューと品質保証会議
（作成：筆者）

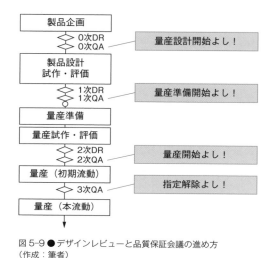

図 5-9 ●デザインレビューと品質保証会議の進め方
(作成：筆者)

続いて１次の品質保証会議を実施します。これにより、量産準備を開始しても問題がないことを確認します。次に、量産（初期流動）に入る前に、２次のデザインレビューを行い、続いて２次の品質保証会議を実施します。これにより、量産を開始してもよいことを確認します。

最後に、量産（本流動）に入る前に３次の品質保証会議を実施し、指定解除して良いかどうかを判断して、問題がなければ量産（本流動）に入ることを許可します。

デザインレビューと品質保証会議において大切なポイントは、議論することです。この点を忘れているケースが多いので、関係者が集まってしっかりと議論するようにしましょう。

デザインレビューでは、まず組織の成果物の考え方と、なぜその成果物とするのかを議論します。続いて、開発目標や開発・設計方針、基本

設計・詳細設計、性能確認結果、信頼性確認結果、開発目標達成度といった項目のそれぞれについて、なぜそうしたのかという理由や、妥当性、可能性などについて議論します（表5-2）。

　一方、品質保証会議では、まず組織として成果物の品質保証のあり方と、その成果物を納入してよいかどうかを議論します。その上で、デザインレビューで同じ項目（開発目標や開発・設計方針、基本設計・詳細設計、性能確認結果、信頼性確認結果、開発目標達成度）について、そうした取り組みや結果でよいかどうかを議論します。

　すなわち、デザインレビューではなぜそうした設計にしたのかを突き詰めて、品質保証会議でそれでよいかどうかを確認するのです。だからこそ、これら2つの手法を分けて実施しなければならないのです。ところが、これらを一緒にして審査ばかり行っている企業がたくさんあるというのが実態です。

　これは恐らく、デザインレビューの日本語訳が「設計審査」になって

項目	議論内容	
	デザインレビュー（DR）	品質保証会議（QA）
目的	組織の成果物の考え方を議論する	組織として成果物の品質保証のあり方を議論する
議論の考え	なぜその成果物としたか	その成果物を納入してよいか
開発目標	なぜその開発目標としたか	その開発目標でよいか
開発・設計方針	なぜその方針としたか	その方針でよいか
基本設計・詳細設計	なぜその設計としたか	その設計でよいか
性能確認結果	その性能は妥当か	その性能でよいか
信頼性確認結果	信頼性を満たす設計か	信頼性を満たしているか
開発目標達成度	目標達成の見通しはあるか	目標を達成しているか

表5-2 ● デザインレビューと品質保証会議における議論項目と内容
（作成：筆者）

いるが故の弊害だと思います。設計審査と呼ぶのだから、当然、デザインレビューでは審査だけを行うと勘違いしてしまうというわけです。デザインレビューでは、なぜその設計にしたかをしっかりと議論するように心掛けましょう。

5.4 品質手法⑧なぜなぜ分析

　なぜなぜ分析は、問題の根本にある**真因**を追究して対策することです。真因とはトヨタ自動車の用語で、問題を引き起こす真の原因を意味します。なぜなぜ分析を言い換えると、品質不具合品（不良品）を発生させず、かつ流さないための**仕組みの網**と表現することができます。なぜなぜ分析の本質は、仕組みによって品質不具合を防ぐことです。

　なぜなぜ分析の狙いは、品質不具合の再発を防ぐことです（図5-10）。発生した品質不具合に対して表面的な原因（**直接原因**）だけを処置しても、後に再発を許してしまいます。その根本にある**仕組みの不備**

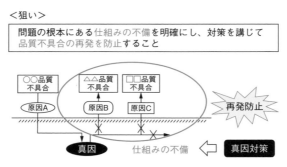

図5-10 ●なぜなぜ分析の狙い
（作成：筆者）

が放置されたままでは、同様の品質不具合や、形を変えた品質不具合が同一の製品や工程、別の製品や工程で再発してしまうのです。この仕組みの不備こそが、真因です。そして、この真因に対して対策を講じ、品質不具合の再発を防ぐことが、なぜなぜ分析の目的です。

　従って、なぜなぜ分析では、品質不具合の真因を突き止めることが非常に重要です。経験や勘、思い付きで対策しても、直接原因の処置しかできません。しっかりと理屈を立てて真因を突き止める必要があります。問題を生んでいる要因を、「3現」、すなわち現地、現物、現実（現象）に基づいて、規則的に、順序良く、論理的に、そして漏れなく追究することにより、真因を突き止める必要があります。

5.4.1 なぜなぜ分析の実施手順

　なぜなぜ分析の手順は8つあります（図5-11）。(1) 直接原因の把握、(2) 時系列事象関連図の作成、(3) 問題点の抽出、(4) 真因究明「5なぜ」、(5) 対策案の列挙、(6) 対策の決定、(7) 対策の実施、(8) 実施した対策の評価——です。

　まず、(1) の直接原因の把握において、直接原因がどこにあるかを見つけます。続いて、(2) の時系列事象関連図の作成で、人がどのように行動したか、判断したかについて、管理図を作成。こうして、その中のどの行動や判断に問題があったのかを (3) の問題点の抽出で見つけ出します。

　続いて、(4) の真因究明で「5なぜ」を実施し、真因を突き止めます。しかし、世間の誤解が多いのはこの点です。単に「なぜ、なぜ」と繰り

返すことがなぜなぜ分析だと認識している人が非常に多いのです。次に、(5) の対策案の列挙で、真因への対策案を考え出し、(6) の対策の決定で、実践する対策案を選定します。その後、(7) の対策の実施で選んだ対策を実践に移し、その結果についての検証を (8) の実施した対策の評価で行います。

分析	手順1　直接原因の把握
	手順2　時系列事象関連図の作成
	手順3　問題点の抽出
	手順4　真因究明「5なぜ」
対策	手順5　対策案の列挙
	手順6　対策の決定
実施	手順7　対策の実施
評価	手順8　実施した対策の評価

図 5-11 ●なぜなぜ分析の実施手順
(作成：筆者)

1986 年に、米国でスペースシャトル「チャレンジャー号」が打ち上げから 73 秒後に大爆発を起こし、乗組員 7 人全員が死亡した事故が発生しました。この事例を基に、なぜなぜ分析を行ってみましょう。

まず、(1) の直接原因を把握します。ここでは **FTA**（故障の木解析、詳細は第 6 章を参照）を活用します（**図 5-12**）。スペースシャトルの爆発では、炎が出て燃焼しました。その理由は、継ぎ目からの高温のガス漏れと、ブースターロケットの炎が考えられました。続いて、高温ガスが漏れた原因としては、シールの不具合と大きなガス圧力が考えられ

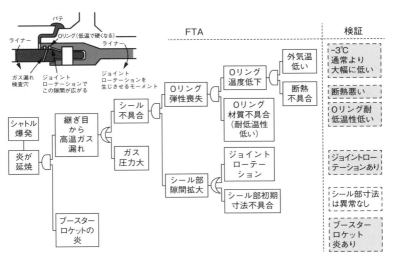

図 5-12 ● チャレンジャー号爆発事故における直接原因の把握（FTA を活用）
（作成：筆者）

ましたが、結果はシールの不具合でした。

　続いて、このシールの不具合の原因は、Ｏリングの弾性喪失とシール部の隙間の拡大が両方起きたことにありました。さらに、Ｏリングの弾性が喪失したのは、Ｏリングの温度低下が起き、Ｏリングの材質に不具合があったから。さらに、Ｏリンスの温度が低下したのは、外気温が低かったのと、断熱の不具合に原因がありました。

　一方、シールの不具合のもう１つの原因であるシール部の隙間の拡大については、ブースターロケットの使用時に内部に圧力がかかることでジョイントローテーションと呼ばれる動きが加わったことと、シール部の初期寸法の不具合が考えられました。

　こうして展開した FTA から、検証して直接原因を見つけ出します。

ここでは、「気温が−3℃と通常よりも低い」「断熱が悪い」「Oリングの耐低温性が低い」「ジョイントローテーションあり」「ブースターロケットの炎あり」が直接原因として抽出されました。

　続いて、（2）の時系列事象関連図を作成します（図5-13）。まず、直接原因を時系列で並べ替えます。①打ち上げ時の気温が通常よりも大幅に低い⇒②Oリングの温度が低下⇒③Oリングの弾性喪失⇒④ジョイントローテーション⇒⑤シール部の隙間大⇒⑥シール不具合⇒⑦継ぎ目からの高温ガス漏れ⇒⑧ブースターロケットの炎が延焼⇒スペースシャトルの爆発──となります。

　これらを上から下に向かって縦に並べて時系列事象関連図を作った

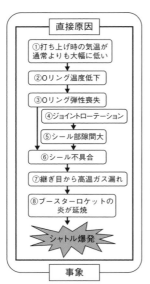

（1）事故の構造に基づく分析ができる
　　・事象の連鎖、背後要因など

（2）事象の流れを図示することにより、把握が容易になる

（3）不明な点が明確になる

（4）直感や先入観から逃れられる

（5）背後要因（なぜそうなってしまったのか）を考えるのを支援する

図5-13 ● 時系列事象関連図とその特徴
（作成：筆者）

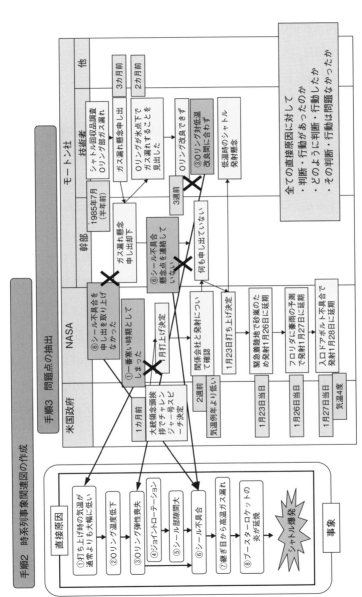

図5-14 ●チャレンジャー号爆発事故における時系列事象関連図と問題点の抽出
（作成：筆者）

後、横に関係者を並列に並べます（図5-14）。ここでは、米国政府と米国航空宇宙局（NASA）、Oリングメーカーのモートン–サイオコール（当時、以下モートン社）となります。モートン社については幹部と技術者についても別々に検証します。

　こうして、関係者のそれぞれにおいて、（人が）どのように行動し、どのように判断したかについて書き込みます。書き込み終えたら、（3）の問題点の抽出で、それらの行動や判断のどこに問題があったのかを抽出します。すると、この事故の場合、最大の問題はNASAが「シールの不具合の申し出を取り上げなかった」ことだと分かります。

　このように、時系列事象関連図に人の行動・判断を組み合わせて書くことで、どこに問題があるかが見えてきます。こうして導き出した問題点（重要問題点）について、（4）の真因究明「5なぜ」を実施し、発生原因と流出原因の両面から真因を究明します（図5-15、5-16）。そして、その真因に対して（5）対策案の列挙から（6）対策の決定、（7）対策の実施、（8）実施した対策の評価までを実施していくのです。従って、なぜなぜ分析では、時系列事象関連図を作成することが非常に重要となるのです。

　目に付くのが、直接原因を対象に分析し、「なぜなぜ」と繰り返すことをなぜなぜ分析だと勘違いするケースです。チャレンジャー号爆発事故の例でいえば、Oリングの温度低下やOリングの弾性喪失などになぜなぜ分析を実施するようなものです。

　そうではなく、直接原因を見つけて時系事象関連図を作成し、全ての直接原因について、どのような行動・判断があり、どのように行動・判

重要問題点	なぜ1	なぜ2	なぜ3	なぜ4	なぜ5	真因
低温におけるOリング部シール不具合を申し出を取り上げなかった	Oリングの低温時の取り扱い基準がない	Oリングの低温時の取り扱いが不要と判断した	Oリングの低温時の問題が過去発生していないので不要と判断した	発生していない不具合現象に対する基準は不要と判断した	発生していない不具合現象を検討する仕組みがない	発生していない不具合現象を検討する仕組みがない
	事故が100％発生することが証明されないと中止にしない	Oリング部のシール不具合は発生しないと判断した	過去-7℃でも打ち上げているので今回も問題ないと判断した	シール不具合の影響と原因分析は不要と判断した（シール部状況が前回と同じと判断した）	過去問題のない飛行安全のための不具合の影響とその原因を分析する仕組みがない	過去問題のない飛行安全のための不具合の影響とその原因を分析する仕組みがない
		打ち上げる必要に迫られていた	大統領の年頭の挨拶でチャレンジャー号のスピーチが決まっていた	国民の関心を得ることを優先した	スペースシャトル存続を第一優先としていた（搭乗員の安全をないがしろにしている）	スペースシャトル存続を第一優先としていた（搭乗員の安全をないがしろにしている）

RCA（根本原因）分析活用

必ず事実を確認する

図5-15 ●「5なぜ」による「発生原因」の真因の追究
（作成：筆者）

重要問題点	なぜ1	なぜ2	なぜ3	なぜ4	なぜ5	真因
低温におけるOリング部シール不具合の申し出を取り上げなかった	NASAの処置が正しく行われたかの判定をしていない	NASA管理者に誰も意見具申をしていない	権限を持った人が意見具申を述べる仕組みがない	第三者機関による評価意見具申の仕組みがない		第三者機関による評価意見具申の仕組みがない

RCA（根本原因）分析活用

図5-16 ●「5なぜ」による「流出原因」の真因の追究
（作成：筆者）

断したか、そしてそれらの行動・判断に問題がなかったかを検証して問題点を抽出する。そこから「5なぜ」によって真因を追究するのが、本当のなぜなぜ分析です。

第1章

第2章

第3章

第4章

第5章

第7章

第8章

第6章

**「もの」の品質つくり込み
ものづくり―開発設計段階―**

第6章 「もの」の品質つくり込み　ものづくり—開発設計段階—

　「もの」の品質をつくり込むために必要な品質管理手法（以下、品質手法）は、「仕組みづくり」の品質手法と「ものづくり」の品質手法の2つに分かれると述べました。このうち、ものづくりの品質手法はさらに2つに分類されます。「開発段階」の品質手法と「製造段階」の品質手法です（図6-1）。

　ここで、開発段階の品質手法には7つがあります。⑨品質機能展開（QFD）、⑩QC7つ道具・新QC7つ道具、⑪多変量解析、⑫実験計画法、⑬設計FMEA（DRBFM）、⑭FTA、⑮信頼性設計・信頼性試験です。

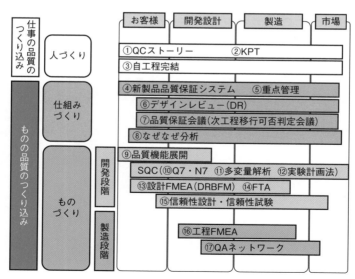

図6-1 ●17の品質手法と分類、適用領域
（作成：筆者）

6.1 品質手法⑨品質機能展開（QFD）

　品質機能展開（QFD；Quality Function Deployment）は、製品の開発設計に必要な機能と特性を決めるための手法です。顧客が望むもの（お客様の世界）を技術の世界へ変換するための手法と表現すると、品質機能展開の狙いがよく伝わると思います。

　また、品質機能展開は、トヨタグループにおける品質問題を防ぐ「4大未然防止手法」の1つにも数えられています。**4大未然防止手法**とは、**品質機能展開（QFD）と DRBFM、工程 FMEA、QA ネットワーク**です（DRBFM と工程 FMEA、QA ネットワークについては後述）。そして、トヨタグループでは「品質機能展開を実施せずに、設計の目標値を決めたとはいえない」といわれています。

　品質機能展開は、機能（要求品質展開表）を横（行）に、特性（品質特性展開表）を縦（列）に配置したマトリクス（品質表）を作成し、どこを重点的に開発すべきかを決定するために使います。品質機能展開を実施せずに、製品仕様（設計目標値）を決めることはできません。すなわち、図面を作成できないということです。

　なぜ、品質機能展開が必要なのか。身近でシンプルな製品である鉛筆を例に考えてみましょう（**図6-2**）。ここで、鉛筆の製品開発を手掛けることになったとします。すると、実は多くの開発設計者が、いきなり鉛筆の長さや芯の直径、それらの公差といった製品仕様（品質特性の値については後述）を決めようと取り掛かります。しかし、寸法や公差を決める前に設計者がすべきことがあります。それは、鉛筆の機能を決め

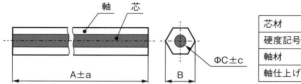

図6-2 ●鉛筆の製品仕様を求められた場合
（作成：筆者）

ることです。

　確かに、鉛筆といえば通常は木製の六角柱もしくは円柱の中心に、直径が数 mm の細い円柱状の芯が通ったものを思い浮かべます。しかし、世の中にはくねくね曲げられる鉛筆や温度が測れる鉛筆、指輪状の鉛筆、ピアノの鍵盤柄の鉛筆など、通常の鉛筆とは異なるさまざまな機能の鉛筆が販売されています。世の中には、こうした鉛筆を望む顧客もいるのです。当然ながら、製品は顧客が望む機能を満たさなければなりません。もしも、想定する顧客が望む機能が通常の鉛筆の機能とは異なっている場合、「売れない製品」を開発してしまうことになります。従って、製品開発では、まずどのような機能を持たせるかを決めるところから始めなければなりません。

顧客の要望を図面に落とし込む

　品質機能展開を活用する際には、製品の品質についても理解しておかなければなりません。製品には **3 つの品質**があります。**①市場の品質（要求の品質）**、**②企画・設計の品質**、**③製造の品質**です（**図6-3**）。

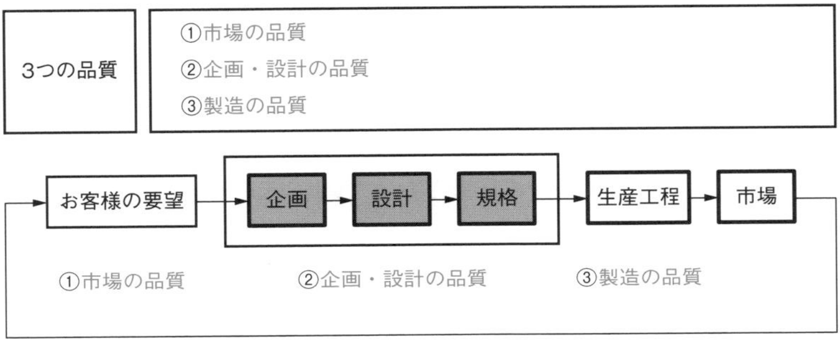

| 3つの品質 | ①市場の品質
②企画・設計の品質
③製造の品質 |

お客様の要望 → 企画 設計 規格 → 生産工程 → 市場

①市場の品質　　②企画・設計の品質　　③製造の品質

図6-3 ●3つの品質
（作成：筆者）

　①の市場の品質は、お客様の要望がどのようなものかを表したものです（図6-4）。**要求の品質**と言い換えることができます。

　②の企画・設計の品質は、商品を開発する立場からつくり上げる品質のことです。具体的にはデザインや性能、製品仕様のことを指します。企業から見て「これならお客様が買ってくれるだろう」という商品コンセプトを基につくり込む品質なので、**狙いの品質**と表現することもでき

①市場の品質とは
・お客様の要望がどのようなものかを表すもの
・要求の品質ともいう

②企画・設計の品質とは
・商品を開発する立場からつくり上げる品質で、デザインや性能、製品仕様をいう
・企業から見て「これならお客様が買ってくれるだろう」という商品コンセプトを基につくり込む品質
・狙いの品質ともいう

③製造の品質とは
・設計図面に従って製造された製品の品質のこと
・同じ種類の製品でも生産の工程において品質はばらつく
・出来栄えの品質ともいう

図6-4 ●3つの品質とその内容
（作成：筆者）

ます。

③の製造の品質は、設計図面に従って製造された製品の品質のことです。同じ種類の製品でも生産の工程において品質はばらつきます。こうした生産のばらつき度合いに影響されるため、**出来栄えの品質**とも呼びます。

ここで品質機能展開は、市場の品質を企画・設計の品質に変換するために使います。すなわち、顧客の要望（お客様の世界）を設計目標値（技術の世界）に変えて、図面に落とし込む。このために使うのが、品質機能展開です（**図6-5**）。

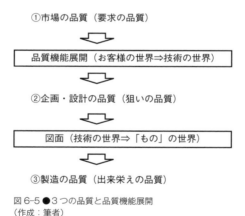

①市場の品質（要求の品質）

品質機能展開（お客様の世界⇒技術の世界）

②企画・設計の品質（狙いの品質）

図面（技術の世界⇒「もの」の世界）

③製造の品質（出来栄えの品質）

図6-5 ●3つの品質と品質機能展開
（作成：筆者）

図6-6は、自動車のヘッドライト（前照灯）の開発設計に品質機能展開を実施した例です。いきなり配光値やレンズの大きさ、照準角度などの数値を求めようとしても、なかなか決めることができません。なぜなら、そこには顧客の要望という基準がないからです。

そこで、顧客の立場になり（お客様の世界に入り）、顧客がヘッドラ

要求品質展開表			品質特性展開表	技術の世界							安全性
				配光				光束			自動エージング
				配光値			照度角度	光源輝度	透過率	反射率	追従角度
1次要求品質	2次要求品質	3次要求品質		JIS	レンズの大きさ	切り替え角度					
明るくよく見える	遠くまでよく見える	ランプが明るい		○	○	△	△	○	◎	◎	
		明るさの広がりがある		◎	◎			○	△	△	
		光の方向が正しい				△	◎				◎
		光が散らない		◎							
	近くがよく見える	夜明けでも明るい		○	○	◎	△	△	◎	◎	
		明るさの広がりがある		◎	○	△		△			◎
		光の方向が正しい				△	△				
	特殊な条件でもよく見える	悪天候でもよく見える									
		ハンドルと連動している									◎
		バウンド時も見える									◎
規格値				JIS	φ160			7.5cd/m²	0.9	0.9	

図6-6 ●自動車のヘッドライトに品質機能展開を実施した例
（作成：筆者）

イトに何を求めているのか、その機能（要求品質）を考えます。すると、まず「明るくてよく見える」という機能（要求品質）を求めていると考えられます。これをより細かく見ると、「遠くまでよく見える」機能（要求品質）や「近くがよく見える」機能（要求品質）、「特殊な条件でもよく見える」機能（要求品質）に展開できます。これらをさらに細かく見ていくと、例えば遠くまで見えるためには「ランプが明るい」「明るさの広がりがある」「光の方向が正しい」「光が散らない」といった機能（要求品質）が必要になります。近くがよく見えるためには「夜明けでも明るい」「明るさの広がりがある」「光の方向が正しい」という機能（要求品質）を満たさなければなりません。

このように、まずは顧客がどのような機能（要求品質）をヘッドライトに求めているかを抽出し、それらの要求品質に関連する特性（品質特性）を考えます。例えば、「ランプが明るい」という要求品質には、「透過率」と「反射率」が大きく関連し、次いで「配光値」と「レンズの大きさ」「光源輝度」が関連して、「切り替え角度」と「照度角度」はやや小さく関連すると導き出せます。こうして、顧客の要望に関連性の高い特性を設計目標値に落とし込める手法が品質機能展開なのです。

品質機能展開の実施手順

品質機能展開の実施手順は5つあります（図6-7）。（1）顧客ニーズの収集、（2）**要求品質展開表の作成**、（3）**品質特性展開表の作成**、（4）**品質表の作成**、（5）**設計目標値の設定**——です。

まず（1）顧客のニーズを広く集めて、それらに合う機能の表、すな

わち（2）要求品質展開表を作成します。続いて、要求品質に関連する特性を考えて、品質特性展開表を作ります。こうして、機能（要求品質展開表）を横（行）に、特性（品質特性展開表）を縦（列）に配置したマトリクス（2元表）が出来たら、それぞれの要求品質に対して特性の関連度合いを評価して（4）品質表を作成します。最後に、この品質表をベースに設計目標値を決めていくのです。

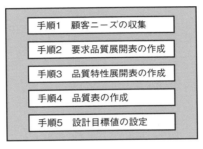

図6-7 ●品質機能展開の実施手順
（作成：筆者）

　図6-8は百円ライターに品質機能展開を実施した例です。まず、（1）の顧客ニーズを収集します。顧客の声を広く集め、どのような機能（要求品質）が求められるかをまずは考えます。すると、安全性確保のためにチャイルドレジスター（CR）機能が義務付けられた一方で、着火スイッチが硬くなり、使いづらいという声が上がっていることに気付きました。ここから、操作性向上のニーズが高まっていることを見いだします。

　これを踏まえて、（2）の要求品質展開表の作成に進みます（図6-9）。ここで、要求品質を1〜3次まで展開しながら記入していきます。例えば、ライターなので当然、炎を出す必要があります。炎を出すためには

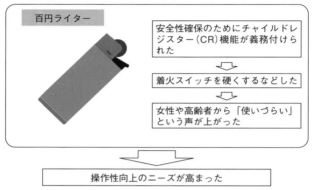

手順1　顧客ニーズの収集

商品企画情報から顧客ニーズを広く収集する

百円ライター

安全性確保のためにチャイルドレジスター（CR）機能が義務付けられた

着火スイッチを硬くするなどした

女性や高齢者から「使いづらい」という声が上がった

操作性向上のニーズが高まった

図6-8 ● 百円ライターの開発設計における顧客ニーズの収集
（作成：筆者）

ガスを放出しなければなりません。ガスを放出するためには、ガスを貯蔵する必要があります。加えて、ガスボンベの口を開く必要があります。これらを要求品質展開表には、1次要求品質の欄に「炎を出す」、2次要求品質の欄に「ガスを放出する」、3次要求品質の欄には「ガスを貯蔵する」「ガスボンベの口を開く」と書き込んでいきます。

　ここに、顧客ニーズとして収集した操作性に関する要求品質も盛り込みます。先と同様に要求品質を展開し、1次要求品質の欄に「使いやすい」、2次要求品質の欄に「使用期限が分かる」「操作が容易」「持ち運びしやすい」と記入します。そして、3次要求品質の欄には各2次要求品質にひも付けながら、それぞれ「ガスの量が見える」「軽く操作できる」「軽い」と入れていきます。このようにして、考えられる要求品質を全て書き込んだら、各3次要求品質に対して重要度を決めます。具体的に

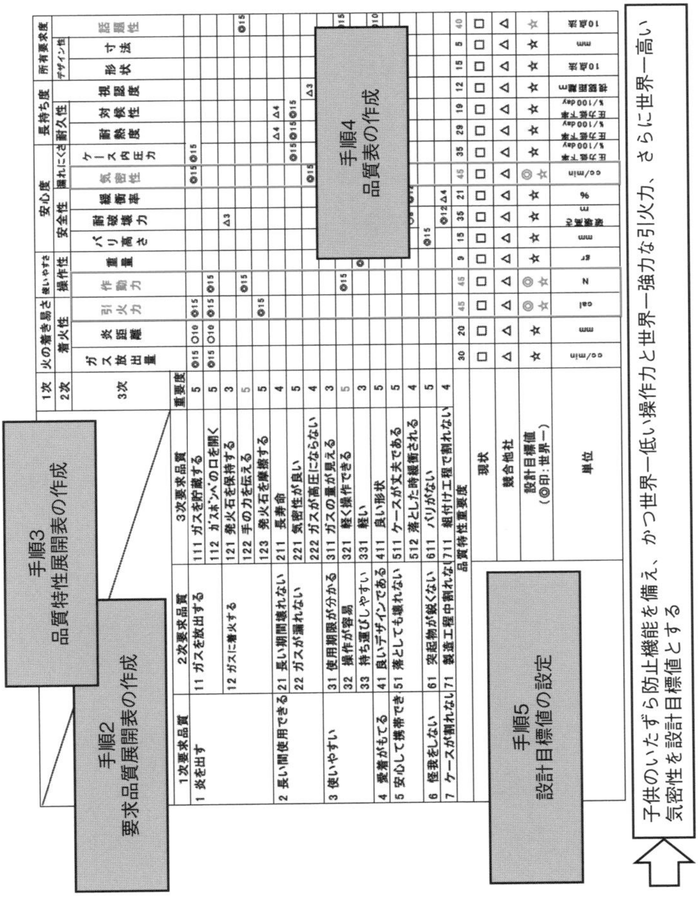

図6-9 ●百円ライターの開発設計に品質機能特性を実施した例
（作成：筆者）

子供のいたずら防止機能を備え、かつ世界一低い操作力と世界一強力なる引火力、さらに世界一高い気密性を設計目標値とする

手順2　要求品質展開表の作成
手順3　品質特性展開表の作成
手順4　品質表の作成
手順5　設計目標値の設定

は、5点満点で点数を付ける。自社で重点的に開発したいものについて高い点数を付けます。「軽く操作できる」の重要度の欄には当然、「5」と記入します。

　続いて、（3）の品質特性展開表の作成に移行します。要求品質に関連する特性（品質特性）を書き出していくのです。こちらも、品質特性を

1〜3次まで展開していきます。例えば、1次品質特性の欄に「火の着きやすさ」、2次品質特性の欄に「着火性」、3次品質特性の欄に「ガス放出量」「炎距離」「引火力」と記入します。同様に、操作性に関する品質特性については、1次品質特性の欄に「使いやすさ」、2次品質特性の欄に「操作性」、3次品質特性の欄に「作業力」「重量」と書き込みます。こうして、考えられる品質特性を全て記入していきます。

　こうして**要求品質展開表**と**品質特性展開表**を作ったら、要求品質展開表が横（行）に、特性（品質特性展開表）が縦（列）に配置されたマトリックス（2元表）、すなわち（4）の品質表を作成します。この品質表ではまず、それぞれの要求品質と品質特性について関係の強さ「対応度」を1〜3点で点数化していきます。続いて、先に点数付けした重要度とこの対応度のそれぞれを掛け合わせて（重要度×対応度）点数付けします。そして、それぞれの点数を足し合わせて**品質特性重要度**を計算します。

　こうして、（5）の**設計目標値**の設定を行います。品質特性重要度と自社の現状、競合他社の状況の評価を踏まえて、**開発（設計）目標値**を決定します。ここで、世界一を狙うのであれば、その品質特性が世界一となるように設計目標値を設定します。この百円ライターの例では、CR機能を備えつつ、世界一操作力が低く、かつ世界一強力な引火力を持ち、世界一高い気密性を設計目標値にする、といった具合です。

　世界一の製品は掛け声を発するだけでは開発できないのです。

6.2 品質手法 統計的品質管理（SQC）

　品質手法の⑩〜⑫に進む前に、統計的品質管理（Statistical Quality Control；SQC）について解説します。なぜなら、⑩ QC7つ道具・新 QC7つ道具と⑪多変量解析、⑫実験計画法の3つは、全て SQC に含まれる品質手法だからです。

　SQC は、データの見える化の決め手です。品質の未然防止や再発防止の仕事は、データや資料を基に皆で議論して問題を見つけて解決していきます。ところが、データや資料が読み取りにくいと、問題に気付きにくいし議論もしにくい。そこで、データや資料を分かりやすく「見える化」するための手法が SQC なのです（図6-10）。

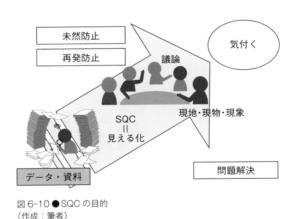

図6-10 ● SQC の目的
（作成：筆者）

　例えば、品質不具合の件数に関して「7月は1件」「8月は10件」というデータがあったとします。これを、SQC を使わずに文字だけで伝える場合と、SQC を使って（棒グラフ）で表現した場合を比べると、その

違いがよく分かります。7月と比較して8月に品質不具合が急に増えていることが一目瞭然です。データに隠れていた問題がはっきりと分かる。これが、SQCによる見える化の力です。SQCでは、人が考えていることや、全体像、何が起こるか（予測）、結果の原因などを見える化することができます。

　SQCというと、一般には品質管理の方法の中で、統計的手法を使うものと捉えられています。製品の1つひとつの品質ではなく、生産工程全体（材料・機械装置・作業・製品）を対象として品質特性を測定し、その分布（ばらつき）を見て管理を行う。品質特性が規格に対する適合/不適合として設定されている場合は、良品率/不良率で表現される――というものです。

　これに対し、トヨタグループではもう少し範囲を広げ、数値データではなく言語データを使う、すなわち統計手法を使わない新QC7つ道具もSQCに含めています（図6-11）。

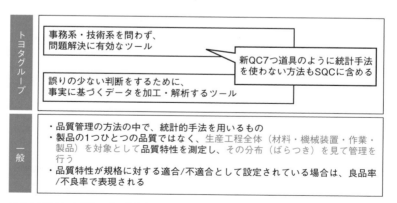

図6-11 ●トヨタグループのSQCと一般のSQC
（作成：筆者）

SQC 手法	狙い
QC7 つ道具	「データ」から「事実」を「客観的」に、かつ「手軽」につかむ
新 QC7 つ道具	「言語データ」を「整理」し、「考え」て「発想」して「創造」する
検定・推定	検定：A 集団と B 集団に差があるかどうかを判断する 推定：A 集団と B 集団にどれくらいの差があるかを求める
相関・回帰	相関係数：A と B の関係の強さを判断する 回帰式：A と B の関係式
多変量解析	多変量データを要約し、所与の目的のために統合するデータ解析の総称 目的： 　予測：原因系から結果を予測や判別する 　要約：データの構造を単純化したり、潜在構造を探索する
実験計画法	どの因子が影響するかを求める
応答曲面法	どの因子が影響し、かつ最適なパラメータ値はいくつかを同時に求める
品質工学	特性値の変動が小さい変数値を求める
信頼性手法	故障の予測および故障の予防をする

表 6-1 ●SQC 手法
（作成：筆者）

SQC にはさまざまな品質手法があります（**表6-1**）。しかし、これらの中で、トヨタグループで重視し、業務に活用するのは、QC7つ道具と新QC7つ道具、多変量解析、実験計画法の4つとなります。そこで、本書ではこれらの品質手法を取り上げます。

6.3 品質手法⑩QC7つ道具

QC7つ道具は、数値データの「見える化」の基本です。データから事実を客観的に、しかも手軽につかむための手法です（**図6-12**）。7つ道具とは、(1) **パレート図**、(2) **特性要因図**、(3) **グラフ**、(4) **チェックリスト**、(5) **ヒストグラム**、(6) **散布図**、(7) **管理図**──です。

（1）のパレート図を使えば、重要な問題が分かります。品質不具合やクレーム、事故などに関してデータを取り、原因別に分類した上で棒グラフを使って表示。同時に、累積曲線で結んだ図です。

（2）の特性要因図を使うと、問題の原因を整理できます。特性要因図は、問題とする特性と、それに影響を与えていると思われる要因との相関関係を整理し、フィッシュボーン（魚の骨）と呼ばれる図にまとめたものです。

（3）のグラフを使えば、全体の全体像が一目で分かります。棒グラフや折れ線、円グラフ、レーダーチャートなどがあります。

（4）のチェックリストを使うと、重要項目の抜けを防げます。チェッ

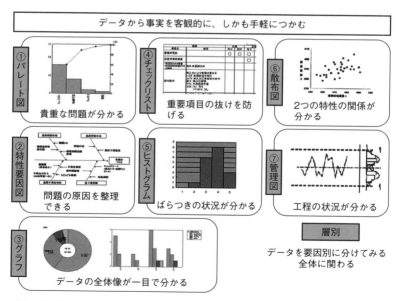

図6-12 ●QC7つ道具
（作成：筆者）

クすべき項目を記入した表のことです。

（5）のヒストグラムを使えば、ばらつきの状況が分かります。要因や特性のデータについて、データが存在する範囲をいくつかの区間に分割。その区間に含まれるデータ数に比例する面積の柱（長方形）を並べた図です。

（6）の散布図を使うと、2つの特性の関係が分かります。それぞれの特性（変数）で横軸と縦軸をとり、2つの特性（変数）を持つデータをプロットした図です。

（7）の管理図を使えば、工程の状況が分かります。1本の管理線に対し、その上下に1本ずつ管理限界線が引かれています。ここに、工程の状態を表す特性値をプロットして各プロットを線（折れ線）で結んだグラフです。

そして、層別を使うと、データを要因別に分けてQC7つ道具への適用方法が明確にできます。

まず、層別から始めてデータを分け、埋もれた状態から価値のあるデータ、すなわち宝のデータとして「見える化」する。これがQC7つ道具の目的です。

6.4 品質手法⑩新QC7つ道具

新QC7つ道具は、考えていることの「見える化」の基本です。QC7つ道具は数値として表れているデータを見える化する手法です。これに対し、新QC7つ道具は、言語データを整理し、考えて発想して想像する

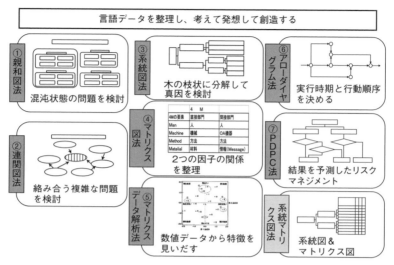

図6-13 ●新QC7つ道具
（作成：筆者）

ための手法です（**図6-13**）。具体的には、(1) **親和図法**、(2) **連関図法**、(3) **系統図法**、(4) **マトリクス図法**、(5) **マトリクスデータ解析法**、(6) **アローダイヤグラム法**、(7) **PDPC法**——となります。これに加えて、系統図＋マトリクス図法もあります。これは（3）と（4）を組み合わせたものです。

　（1）の**親和図法**はとてもよく使われます。混沌とした状態の中でグルーピングし、問題を検討するために使います。ある問題に対して複数の人が思いついたことをそれぞれ付箋に記入し、それらのうち関連性のあるものをグルーピングして、その特徴が分かる見出しを付ける。これにより、解決すべき問題点を見つけ出すための手法です。

　（2）の**連関図法**は、絡み合う複雑な問題を検討するために使います。

用紙の中央に問題点を記し、その周辺にその問題点の原因を配置して、それらの関係を矢印で結びます。原因は問題の直接原因を1次元原因、1次原因の原因を2次原因としていきます。

(3) の**系統図法**は、品質不具合やトラブルなどの原因を木の枝状に分解して真因（本当の原因）を検討するために使います。品質手法⑧の「なぜなぜ分析」で真因を追究する際に使用します。

(4) の**マトリクス図法**は、2つの因子の関係を整理するために使います。問題の事象の中から対になる要素を見つけ、それぞれの要素を行と列に配置したマトリクスを作成。その交点となるマスに、関係の有無や関連の度合いを記入します。

(5) の**マトリクスデータ解析法**は、言語データではなく、数値データから特徴を見いだすために使います。新QC7つ道具は言語データを整理すると述べましたが、これだけは数値データを使います。行と列で構成された多次元の数値データを、変数同士の相関関係を基に少数の次元にまとめて2次元の平面に表します。

(6) の**アローダイヤグラム法**は、実行時期と行動順序を決めるために使います。問題解決のための作業が絡み合っているケースで、時期と各行動の関係を、矢線（アロー）を使って表します。

(7) の**PDPC法**は、結果を予測したリスクマネジメントのために使います。PDPCは過程決定計画図（Process Decision Program Chart）です。事前に考えられるさまざまな結果を予測し、プロセスを進める手順を図に示して望ましい方向に導くための手法です。「□」が対策を、「○」が状態を、「◇」がYesかNoかの分岐点を、矢線が経路を、点矢

線が時間のない経路を表します。

　そして、系統マトリクス図法は、（3）の系統図でなぜなぜ分析を展開し、それらの中からマトリクスで判断をして、どれを採用するかを決めるために使います。

　これらは仕事をどのように進めたらよいか悩んだときに役立つ手法です。

6.5 品質手法⑪多変量解析

　多変量解析は、予測と要約の決め手です。互いに関係する多種類のデータ（変数、変量）、すなわち多変量データから将来の数値を予測したり、同データを要約したりするために使う統計的データ解析の総称です（図6-14）。

　主な目的は、［1］予測と［2］要約です。［1］の予測は、例えば、吹き付け塗装を行うときのノズルの径や噴射圧力などの原因系から、塗装膜厚の結果を予測したり判別したりすることが挙げられます。また、血液検査の結果から、病気を判別することなども予測の例です。一方、［2］の要約は、データの構造を単純化したり、潜在構造を探索したりすることを指します。つまり、データにどのような意味があるかを知るために使います。

　多変量解析はデータを対象としたテクノロジー（技術）です。技術者が固有技術（ものづくりに関する知識と手段）と五感を働かせて問題解決に臨む際にヒントを与えてくれます。

多変量解析（Multivariate Analysis）とは、多変量データを要約し、所与の目的
のために統合する統計的データ解析の総称
主な目的は、
[1] 予測：原因系から結果系の予測や判別を行う
[2] 要約：データの構造を単純化したり、潜在構造を探索したりする

多変量解析は、データを対象とするテクノロジー（技術）であり、技術者が固
有技術と五感を働かせて、問題解決に臨む際にヒントを与える

図6-14 ●多変量解析とその目的
（作成：筆者）

　多変量解析には利用シーンによっていくつかの手法に分けられます
（**表6-2**）。(1) **重回帰分析（数量化Ⅰ類）**、(2) **判別分析（数量化Ⅱ類）**、
(3) **主成分分析（数量化Ⅲ類）**、(4) **クラスター分析**です。

　(1) の**重回帰分析**は、多くの説明変数と1つの目的変数の因果関係を
求め、目的変数（特性値）への影響を知りたい、もしくは目的変数（特
性値）を予測したい場合に使います。分かりやすい例を示すと、マン
ションの「広さ」と「築年数」から「価格」を予測する場合に使えます。
重回帰分析を使えば、不動産業者が提示している物件の価格が適正か否
かを判断できるのです。

　(2) の**判別分析**は、多くの説明変数と2つの目的変数の因果関係を求
め、グループ間（群間）の違いを説明変数で説明したい、あるいは未知
のサンプルがどのグループに属するのかを予測したい場合に使います。
例えば、健康診断で「異常なし」や「要経過観察」、「要再検査」、「要医
療（要治療）」といった結果を出します。この判定区分には判別分析が
使われています。

　(3) の**主成分分析**は、多くの変数をできる限り情報のロスがないよう
に要約し、データの特徴を見つけたい、もしくはサンプルのグルーピン

利用シーン	手法
多くの説明変数と1つの目的変数の因果関係を求めて、 ・目的変数（特性値）を知りたい ・目的変数（特性値）を予測したい	重回帰分析 数量化Ⅰ類
多くの説明変数と2つの目的変数の因果関係を求めて、 ・グループ間（群間）の違いを説明変数で説明したい ・未知のサンプルがどのグループに属するのか予測したい	判別分析 数量化Ⅱ類
多くの変数をできる限り情報のロスがないように要約し、 ・データの特徴を見つけたい ・サンプルのグルーピングを行いたい	主成分分析 数量化Ⅲ類
似たもの同士をグループ（クラスター）としてまとめたい	クラスター分析

表6-2 ●利用シーンから見た多変量解析の各手法の分類
（作成：筆者）

グを行いたい場合に使います。例えば、国語と英語、数学、理科、社会の成績をそれぞれのクラスで取り、「数学の得意な人は理科も得意」「英語の得意な人は国語も得意です」といった傾向を見つけ出す場合に、主成分分析が使えます。

　（4）の**クラスター分析**は、似たもの同士をグループ（クラスター）としてまとめたい場合に使います。クラスター分析を使えば、さまざまな特性が混在した分類する前のデータから、ある特徴を持つデータごとにグルーピングできます。例えば、野球の打撃表でいえば、得点力の高いホームランバッタータイプや、高い出塁率を誇る堅実タイプ、チャンスに強い高打点タイプなど、特徴ごとにバッターをグループ分けすることができます。

　また、数量化Ⅰ類は、例えば線形代数の成績やサークルが入っているかどうかといった総合成績を判断するために使います。数量化Ⅱ類は、例えば吐き気や頭痛などがどれくらいあるかから、病気か否か、風邪か、それとも他の病気なのかといったことを判断するために使います。

サンプルNo	広さ(m²) x_1	築年数(年数) x_2	価格(千万円) y
1	51	16	3.0
2	38	4	3.2
3	57	16	3.3
4	51	11	3.9
5	53	4	4.4
6	77	22	4.5
7	63	5	4.5
8	69	5	5.4
9	72	2	5.4
10	73	1	6.0

サンプルNo	検査値1 x_1	検査値2 x_2	健常者・患者
1	50	15.5	健常者
2	69	18.4	健常者
3	93	26.4	健常者
4	76	22.9	健常者
5	88	18.6	健常者
6	43	16.9	患者
7	56	21.6	患者
8	78	12.2	患者
9	21	16.0	患者
10	25	10.5	患者

サンプルNo	国語 x_1	英語 x_2	数学 x_3	理科 x_4
1	86	79	67	68
2	71	75	78	84
3	42	43	39	44
4	62	58	98	95
5	96	97	61	63
6	39	33	45	50
7	50	53	64	72
8	78	66	52	47
9	51	44	76	72
10	89	92	93	91

結果系	目的変数あり		目的変数なし
原因系	量的変数	質的変数	ポジショニング・グルーピング
説明変数 量的変数	重回帰分析	判別分析	主成分分析 クラスター分析
説明変数 質的変数	数量化Ⅰ類	数量化Ⅱ類	数量化Ⅲ類

サンプルNo	線形代数 x_1	サークル x_2	総合成績 y
1	優	所属	96.0
2	優	所属	88.0
3	無	所属	77.0
4	優	無所属	89.0
5	良	所属	80.0
6	良	無所属	71.0
7	良	無所属	77.0
8	可	所属	78.0
9	可	所属	70.0
10	可	無所属	62.0

サンプルNo	吐き気 x_1	頭痛 x_2	健常者・患者
1	無	少	健常者
2	少	無	健常者
3	無	無	健常者
4	無	無	健常者
5	無	多	健常者
6	少	無	患者
7	多	少	患者
8	少	少	患者
9	少	多	患者
10	多	多	患者

サンプルNo	国語 x_1	社会 x_2	算数 x_3	理科 x_4	音楽 x_5	図工 x_6	体育 x_7
1	○		○			○	
2		○			○		
3			○	○			○
4	○	○				○	
5			○	○			
6		○			○		○
7	○		○				
8				○	○		○
9	○	○				○	
10			○	○			○

図6-15 ●データの種類による多変量解析の各種法の分類
(作成：著者)

数量化Ⅲ類は、例えば得意な学科を10人の学生に聞き、各学科にどのような特徴があるかを見いだすために使います。データの種類によって各種法を分類したのが図6-15となります。

多変量解析の各手法の中でも、特によく使われるのが重回帰分析です。例えば、チーム打率と防御率、本塁打から野球の勝率を予測する。あるいは、エンジン出力と車体重量（車重）、空気抵抗から最高速度を予測する。また、タバコの本数や環境、年齢から肺がんの発生率を予測するなど、多変量データから望む値を予測できるのです（図6-16）。

多変量解析は現在、便利なソフトウエア（ツール）が市販されているので、それらを使えば簡単に多変量解析を活用できます。

重回帰分析から得られる結果
《重回帰式》
$Y＝a1X1＋a2X2＋・・・・＋aiXi＋b＋ε$

> 物理的に１次式にならない場合は１次式になる値に置き換える
> 例：音圧⇒対数化（log）
>   慣性力⇒速度の２乗（v^2）

　　Y ：目的変数（結果）
　　ai ：偏回帰係数
　　Xi ：説明変数（原因）
　　b ：定数項
　　ε ：誤差（Y の変動のうち、Xi で説明できない部分）
　　この式を重回帰式（予測式、モデル式）という。
例えば、
・野球の勝率＝a1(チーム打率)＋a2(防御率)＋a3(本塁打数)＋・・・・
・車速(最高速度)＝a1(エンジン出力)＋a2(車重)＋a3(空気抵抗)＋・・・・
・肺ガン発生率＝a1(タバコの本数/日)＋a2(環境)＋a3(年齢)＋・・・・

図6-16 ●重回帰分析
（作成：著者）

6.6 品質手法⑫実験計画法

　実験計画法は、最少のデータから最適な因子を早く見つけ出すための手法です。因子とは、例えば開発設計で具体的にいえば、寸法や表面粗さ、電流、電圧といった設計目標値となります。化合物の合成であれば、原料の量や圧力、時間、温度などの反応条件値をイメージするとよいでしょう。

　実験計画法はデータがないときに使います。この点が、多変量解析とは異なる点です。多変量解析は山積みのデータがあり、その中から価値（意味）を見いだす手法です。データの量によって２つの手法に差があるのです。

　実験計画法の目的は、最適値を少ない資料で速く求めることです（図6-17）。例えば、どの因子が特性値（Y）に影響を与えているのか。また、影響があるとすればその因子をどのような値（水準）に設定すれ

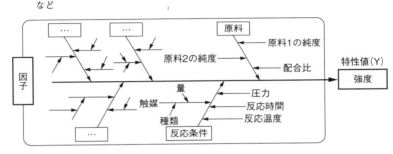

＜目的＞

最適値を少ない資料で速く求めること

次のような技術的に不明確な点を、効率的かつ合理的に解明し、品質や
生産性の向上を図る
・どの因子が特性値（Y）に影響を与えているか
・影響があるとすればその因子をどのような値（水準）に設定すれば、
　特性値がどの程度望ましくなるか
など

図 6-17 ●実験計画法の目的
（作成：筆者）

ば、特性値がどの程度望ましくなるのか。こうした技術的に不明確な点
を、効率的かつ合理的に解明し、品質や生産性の向上を図ることができ
ます。

　図6-18が実験計画法と多変量解析の違いです。実験計画法では、実
験計画を立て、分散分析という手法でそれに意味があるかどうかを調べ
ます。実験計画法は今データが存在するのではなく、これから実験を行
い、その実験データから最適値を見いだしていく手法です。これに対
し、多変量解析はたくさん存在するデータに対して多変量解析を行い、
予測や要約を求めていきます。

　実験計画法の方法は、要因の作用を解析するために、①いろいろな条
件を人為的に設定し、②それらの条件の下で効果があるのかどうか比較

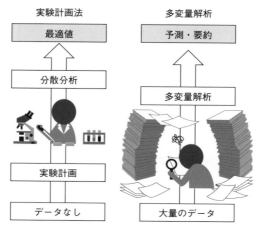

図6-18 ● 実験計画法と多変量解析の違い
（作成：筆者）

<方法>

要因の作用を解析するために、
　①いろいろな条件を人為的に設定し、
　②それらの条件の下で効果の比較実験を行い、
　③各要因の影響度や最適条件を把握する方法

<結果の考察>

結果は分散分析によって考察する
　分散分析：因子の効果の有無を、分散を使って判断する方法

図6-19 ● 実験計画法の方法と考察
（作成：筆者）

実験を行って、③それぞれの要因の影響度や最適条件を把握する方法です（**図6-19**）。結果については分散分析で考察します。分散分析とは、因子の効果の有無を、分散を使って判断する方法です。

もう少し図で考えてみましょう（**図6-20**）。分散分析において、例えば A_1 から A_2 に因子（特性と要因）を変えたとします。ここで、A_1

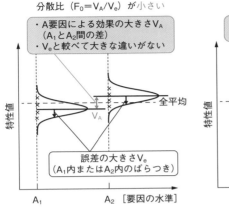
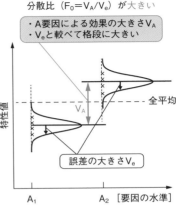

図 6-20 ●分散分析の意味（考え方）
（作成：筆者）

内（もしくは A_2 内）のばらつき（誤差の大きさ）を V_e とし、A 要因による効果の大きさ（A_1 と A_2 間の差）を V_A とします。すると、分散比 $F_0 = V_A/V_e$ と表せます。

この分散比で、A のばらつきに対する因子の変化量を見ます。すなわち、分散比 F_0 が小さい場合は因子の影響は小さい、逆に分散比が大きい場合は因子の影響が大きいと判断します。つまり、ばらつきに比べて変動が大きいものを、影響を与える因子と見なすのです。こうして、例えば寸法を変えたとき、あるいは材質を変えたときに、それぞれの分散比を見て影響を与える因子か否かを判断するというわけです。

実験計画法の分類は、(1) 直交実験、(2) 元配置実験の 2 つがあります（図 6-21）。(1) の直交実験は、たくさんある因子の中で大きな影響を及ぼすもの（寄与率の高いもの）を絞り込むための実験です。(2) の元配置実験は、因子の条件を変えることでデータに差が生じるか否か

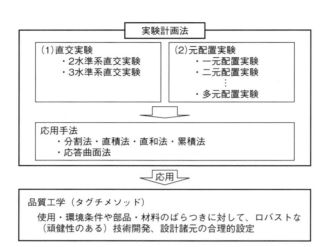

図 6-21 ●実験計画法の分類
（作成：筆者）

を調べるための実験です。因子が1つなら一元配置実験、2つなら二元
配置実験と数を増やしていきます。

　他にも、応用手法があり、最近よく使われているのが応答曲面法で
す。いろいろな因子があるときに同時に最も良いもの求める多特性の同
時最適化を行えます。さらに、これらの応用例として品質工学（タグチ
メソッド）もあります。これらは必要に応じて使えばよいでしょう。ま
ずは実験計画法を活用するために、（1）の直交実験と（2）の元配置実
験を使いこなせるようになりましょう。

実験計画法の進め方

　実験計画法の進め方は、まず（1）の直交実験で、影響の大きい（寄与
率の高い）因子を絞り込みます。図6-22の例では、A～Eの因子のう

	因子	水準	目的
直交実験	多い	少ない	因子の絞り込み
元配置実験	少ない	多い	条件の最適化

【直交実験】考えられる数多くの因子から、寄与率の高いものを絞り込む

要因No列	A 1	B 2	A×B 3	C 4	D 5	B×C 6	E 7	特性値(Y)
1	1	1	1	1	1	1	1	Y1
2	1	1	1	2	2	2	2	Y2
3	1	2	2	1	1	2	2	Y3
4	1	2	2	2	2	1	1	Y4
5	2	1	2	1	2	1	2	Y5
6	2	1	2	2	1	2	1	Y6
7	2	2	1	1	2	2	1	Y7
8	2	2	1	2	1	1	2	Y8

寄与率　Vital Few（影響の大きな因子）　C D A B A×B E B×C

【元配置実験】寄与率の高い因子に対して最適化を図る

	D1	D2	D3
C1			
C2			
C3			

因子が連続的に変化する計量因子であれば、特性値と要因の関係を定式化し、最適化を図る

図 6-22 ●実験計画法の進め方
（作成：筆者）

ち、寄与率の高いCとDの2つの因子を割り出しました。次に元配置実験により、寄与率の高い2つの因子から最適値を見つけ出します。ここで因子が連続的に変化する計量因子であれば、特性値と要因の関係を定式化することで最適化を図ります。こうして最少のデータから最適な因子を見つけ出すのが実験計画法です。

6.7 品質手法⑬設計FMEA（DRBFM）

設計FMEA（Failure Mode and Effects Analysis；故障モード影響解析）は品質不具合の未然防止手法です。トヨタグループで

は、独自の設計 FMEA として「DRBFM（Design Review Based on Failure Mode；故障モードに基づく設計審査)」を活用しています。DRBFM は設計の**変更点**や、製品が使われる環境などの**変化点**に着目することで、より効率的に品質不具合の発生を防ぐ手法です。DRBFM はトヨタグループにおける4大未然防止手法の1つです。また、トヨタグループでは「DRBFM を実施せずに、設計したとはいえない」といわれています。

設計 FMEA は、製品やシステムを構成する機構や最下位の部品に故障が発生した場合に、最終ユーザーにどのような影響を及ぼすかについて検討し、その解決案を検討するための手法です。故障モードとは、システムや製品、商品の機能が満足しない状態をいいます。例えば、図6-23に示すエアコンで空気を送風にするためのファンモーターが回らない状態などのことです。故障がどのような状態で発生するかを考え、機能につながる故障モードを抽出します。設計 FMEA は、潜在的な故障モードとその影響、故障メカニズムを解析し、対応策を明確にするためのボトムアップの手法です。

言い換えると、設計 FMEA は、故障モードを抜けなく抽出し、故障モードを発生させない設計を実現するための手法です。加えて、故障モードを流さない確認評価の手法とも表現できます。

設計 FMEA では FMEA のワークシートを作成します。ポイントは、潜在的な故障モードを抜けなく抽出し、その原因を追究して、その故障モードを発生させないようにどのように設計しているか、かつ、その故障モードを流出させないようにどのような確認・評価を実施しているか

＜設計FMEA＞

製品やシステムを構成する機構や最下位の部品に故障が発生した場合に最終ユーザーにどのような影響を及ぼすかについて検討。その解決案を検討する手法

故障モードが発生しない設計とする

故障モードが流出しないことを確認、評価する

項目/機能	必要特性	潜在的故障モード	故障の潜在的影響	影響度	分類	故障の潜在的故障原因のメカニズム	発生度	現行の設計管理予防	現行の設計管理検出	検出度	要重度	推奨処置
送風ファン/車室内へ空気を送風する	風量が30m³/秒以上	ファンモーターが回らない	エアコンが効かない			モーター巻き線の断線		引っ張り強さが○MPaの巻き線を選定	△Nの荷重をかけても断線しないことを確認する			

①送風ファンの役割は？

②送風ファンがどのような状態になると送風しなくなるのか？

③ファンが回らないとユーザーにどのような影響があるのか？

④なぜファンが回らなくなるのか？

⑤巻き線が断線しないようにどのような工夫を施すのか？

問題発見 →

問題解決 →

＜目的＞

設計FMEAは、潜在的な故障モードとその影響、故障メカニズムを解析し、対応策を明確にするためのボトムアップの手法

図6-23 ● 設計 FMEA
（作成：筆者）

を、ワークシートを使ってきちんと確認することです。

　ただし、従来の FMEA のワークシートは製造に関する品質管理に使っていることが多いため、設計について議論するワークシートに適しているとはいえませんでした。これに対し、設計に関する検討漏れをなくし、必要項目の全てについて議論する方法として考え出されたのがDRBFM です。

　DRBFM のワークシートは設計の根拠（どのように設計したか）について議論するためのものになっています〔図6-24（a）（b）〕。具体的には、(1) 変更点・変化点、(2) 目的、(3) 役割、(4) 心配点、(5) 要

DRBFM

製品名　　：

処置の基準：

影響度合の評価基準	影響度△　（後工程への重点さ）　発生度合の評価基準	影響度合　（後工程への重点さ）　＜重要度＞　（重要度低減処置）　検出度合の評価基準
10～9： 8～7： 6～5： 4～2： 1：	10～9：非常に高い 8～7：高い 6～5：中程度 4～3：低い 2～1：まれ	10：ほとんど不可能　　5：普通 9：非常に高い　　　　4：やや高い 8：まれ　　　　　　　3：高い 7：非常に低い　　　　2：非常に高い 6：低い　　　　　　　1：ほとんど確実

対象品名 変更点/目的	機能	変更に関する心配点（故障モード）		お客様への影響（故障モードとなら）	影響度	心配点はどんな場合に生じるか（原因・要因）	
		変更に起因する機能の喪失、商品性の欠如	他に心配点はないか（検討会）			原因・要因となるストレス　等	他に考えるべき要因はないか（検討会）

心配点を除くためにどんな設計をしたか（設計余裕度等を定量的に示す）何を評価したか

図6-24(a)●DRBFMのワークシート（左半分）
（作成：筆者）

図6-24 (b)●DRBFMのワークシート（右半分）
（作成：筆者）

因、（6）影響、（7）設計、（8）評価の欄が設けられています。これら全ての欄を開発設計者が記入してDRBFMのワークシートを作成します。

　設計FMEAやDRBFMを実施する際の留意点は、まずその部品固有のものとすることです（**図6-25**）。例えば、熱線式ヒーターであれば、単に熱線式ヒーターとするのではなく、その製品固有の螺旋式コイルヒーターを使った熱線式コイルヒーターというようにその部品固有のも

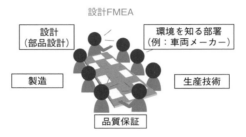

図 6-25 ● 設計 FMEA（DRBFM）の留意点
（作成：筆者）

のにします。そして、関係部署の全員で議論し、深掘りすることです。トヨタグループでは、DRBFM のワークシートを基に、設計部門と製造部門、生産技術部門、品質保証部門、検査部門の 5 部門から参加することが必須となっています。こうして、なぜそうした設計をしたのかについて、皆で議論します。DRBFM の目的は品質不具合を未然に防ぐこと。製品を世の中に出す際に、最上流である設計が、本当に品質的に良いかどうかを皆で議論する。それが DRBFM で最も重要なポイントです。

　よく、設計 FMEA や DRBFM のワークシートを作成して終わりとする企業があります。ワークシートを作成することが目的となってしまっているケースです。これでは何の意味もありません。設計 FMEA や DRBFM の目的は、あくまでも品質不具合を未然に防ぐこと。この大切な目的を見失ってはいけません。

6.8 品質手法⑭FTA

　FTA（Fault Tree Analysis；故障の木解析）は、品質不具合の直接原因を分析するための手法です。製品やシステムの好ましくない事象（トップ事象）に対し、その発生要因を逐次基本原因（問題を引き起こす基本の原因）まで展開し、それ以上分解できない事象（基本事象）まで掘り下げていきます（**図6-26**）。展開図は樹形図（FT図）状になります。

　品質不具合や故障が発生すると、いきなり原因を探そうと躍起になる

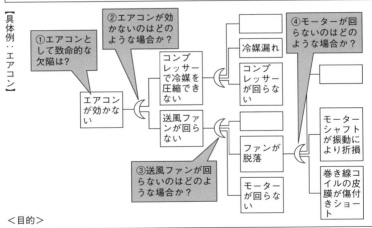

図6-26 ●FTA
（作成：筆者）

ケースがよくあります。しかし、それでは思い付きや勘に頼っているため、その故障を起こしている原因（直接原因）を見つけ出せるかどうかが分かりません。仮に見つけられたとしても、当てずっぽうに、あるいは闇雲に調べているため時間がかかります。これに対し、FTAを使えば確実に、かつ速く直接原因にたどり着けます。トヨタグループでは、「FTAをやらずに調査に入ってはいけない」と指導されます。筆者はこれを「FTAファースト」と表現しています。急がば回れということわざの教えの通り、まずはFTAを実施した方が結局は早くゴールにたどり着けるのです。

FTA と FMEA の違い

ここで、FTAとFMEAの違いを説明しておきましょう。カッターシャツがインクで汚れたトラブルが発生したとします。この品質不具合の問題に対し、FTAは、上から下に「なぜなぜ」と考えて要因を展開していきます（図6-27）。①カッターシャツがインクでにじんだ⇒なぜ？⇒②胸に挿していたサインペンのキャップが抜けた⇒なぜ？⇒③キャップが緩んでいた⇒なぜ？⇒……といった具合です。このように、絶対に起こってはならない品質不具合やトラブル、故障をトップ事象でとらえるので**トップダウン方式**といわれています。

これに対し、FMEAは、品質不具合やトラブル、故障は製品やシステムを構成する最下位の部品で発生すると考えます。こうして、①サインペンにはどのような故障が考えられるか⇒②キャップが抜ける⇒③キャップが抜けたらどうなるのか⇒④なぜ抜けるのか⇒⑤抜けないため

①カッターシャツがインクでにじんだ
　なぜ？

②胸に挿していたサインペンのキャップ
が**抜けた**

なぜ？

③キャプが緩んでいた
　なぜ？

図6-27 ● トップダウン方式のFTA
（作成：筆者）

⑤抜けないためにどうしているのか？
　どうすれば抜けないようにできるのか？

④なぜ抜けるのか？

③キャップが抜けたらどうなるのか？

②キャップが抜ける

①サインペンにはどのような故障が考えられるか？

図6-28 ● ボトムアップ方式のFMEA
（作成：筆者）

にどうしているのか/どうすれば抜けないようにできるのか——と展開していきます（**図6-28**）。このように、部品レベルの考察によって起こり得る全ての品質不具合や故障、トラブルを見通して対策を考える。すなわち、下から上に展開していくので**ボトムアップ方式**と呼ばれています。

FTA の進め方

　FTA は、なぜなぜ分析における直接原因の把握のために使います。先の図 6-26 は、エアコンの事例です。まず、①エアコンとして致命的な欠陥は何かを考え、「エアコンが効かない」という欠陥を導き出します。これに対し、②エアコンが効かないのはどのような場合か（なぜか）、その要因を考えます。ここで「送風ファンが回らない」「コンプレッサーで冷媒を圧縮できない」……といった要因を見つけ出します。続いて、これらの要因のそれぞれについて、さらに深掘りした要因を考えます。例えば、送風ファンが回らないという要因に対し、③送風ファンが回らないのはどのような場合か（なぜか）を考え、「ファンが脱落」「モーターが回らない」……といった要因を見つけ出します。さらに、④モーターが回らないのはどのような場合か（なぜか）と考え、「モーターシャフトが振動により折損」「巻き線コイルの被膜が傷つきショート」……といった要因を考え出していきます。

　こうして、エアコンの故障が発生する要因を真因までトップダウン方式で展開していくのが、FTA なのです。

　なお、通常は FTA を実施する際に上から下へと展開するため、縦書きを使います。しかし、これでは書きにくいため、トヨタグループではよく横書きを使用します。FTA を横方向に展開していくのです（図 6-29）。書きやすいだけではなく、FTA の展開が終わった右端に、要因に対する優先判定の表と**アクションプラン（実行計画）**の表まで書き込めます。こうすれば、品質不具合やトラブル、故障が発生してから１カ

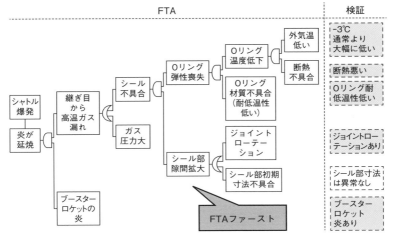

図 6-29 ●横書きの FTA の例
（作成：筆者）

月もあれば、本当の直接原因を突き止めて報告書まで仕上げることが可能です。

　FTA を実施する際には留意すべきポイントがあります（図 6-30）。以下の5つのポイントを押さえておきましょう。

（1）対象とする製品に関する固有技術情報を集約する。

（2）故障品の不具合の内容およびその使用条件・環境条件を把握する。

（3）類似製品の故障情報を調査し、分析する。

（4）経験の深い設計者と信頼性技術者が主担当となり、チーム作業で客観的な見方をする（考える人の主観で判断した場合は偏りが生じやすい）。

（5）解析者はシステムを完全に理解する。

<留意点>

（1）対象とする製品に関する固有技術情報を集約する
（2）故障品の不具合の内容およびその使用条件・環境条件を把握する
（3）類似製品の故障情報を調査し、分析する
（4）経験の深い設計者と信頼性技術者が主担当となり、チーム作業で客観的な見方をする（考える人の主観で判断した場合は偏りが生じやすい）
（5）解析者はシステムを完全に理解する

図 6-30 ●FTA の留意点
（作成：筆者）

6.9 品質手法⑮信頼性設計・信頼性試験（その1）

　信頼性設計は、寿命設計の手法です。寿命を考えた製品設計を行うために使います。寿命の確認に使う信頼性試験と1セットの品質手法となっています。

　信頼性設計ではまず、基本的な考えを押さえておかなければなりません（図6-31）。顧客は製品を買うのではなく、製品の機能（働き）にお金を払います。そして、市場クレームのざっと6割が企画と設計のまずさに起因しているといわれています。従って、いかに企画と設計の段階で信頼性をつくり込むかが非常に大切となります。

　信頼性をつくり込む設計手順は5つです（図6-32）。（1）信頼性目標の設定、（2）設計仕様書の作成、（3）信頼性予測、（4）信頼性設計、（5）検証〔デザインレビュー（DR）〕──です。

　まず、（1）の信頼性目標の設定で、製品がどこまで使えるように作るのか、製品の寿命（目標寿命）をしっかり考えなければなりません。ここで目標寿命を決めたら、（2）の設計仕様書の作成で、その信頼性目標

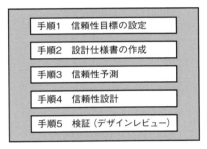

＜信頼性設計の基本的な考え＞

①顧客は「製品という物を買う」のではなく
　製品の機能（働き）を買う
②市場クレームの6割が
　企画と設計のまずさに起因している
③信頼性のある製品を、
　いかに企画と設計の段階でつくり込むか
　が重要

図6-31 ● 信頼性設計における基本的な考え
（作成：筆者）

手順1	信頼性目標の設定
手順2	設計仕様書の作成
手順3	信頼性予測
手順4	信頼性設計
手順5	検証（デザインレビュー）

図6-32 ● 信頼性をつくり込む設計手順
（作成：筆者）

をベースに設計仕様書を作成します。続いて、（3）の信頼性予測を経て（4）の信頼性設計を実施します。そして、最後に（5）の検証で、目標として決めた信頼性を満たしているかどうかを評価・確認するのです。

（1）の信頼性目標の設定では、設計する製品の寿命について目標（目標寿命）を設定する必要があります。しかも、目標寿命は1つ（1点）だけではなく、3つ（3点）必要です。具体的には、寿命管理3点と呼ぶ①開始点（P1）と②代表点（P2）、③終了点（P3）のそれぞれの目標寿命です（図6-33）。ここで、寿命とは具体的には累積故障率です。従って、目標寿命とは目標累積故障率となります。

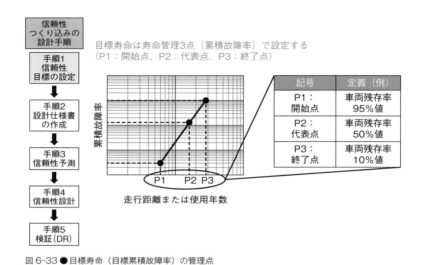

図6-33 ● 目標寿命（目標累積故障率）の管理点
（作成：筆者）

　クルマで考えると、例えば①開始点（P1）は新車。車両残存率95％の走行距離または使用年数の値（点）です。②代表点（P2）は車両残存率が50％の値（点）、③終了点（P3）は車両残存率が10％の値（点）となります。これら寿命管理3点のそれぞれで累積故障率（累積故障数を時間で割った値）をどれくらいにするかという目標を立てるのが、目標寿命の設定です。

　従って、目標寿命を満たす設計というのは、寿命管理3点、すなわち①開始点（P1）と②代表点（P2）、③終了点（P3）の3つの点の全てにおいて、設計する製品の累積故障率を目標故障率以下に収めることです。図6-34の場合、「製品A」は寿命管理3点の全てで累積故障率が目標累積故障率を下回っているため、製品寿命が目標寿命以上となります。すなわち、目標寿命を満たす設計です。これに対し、「製品B」は②

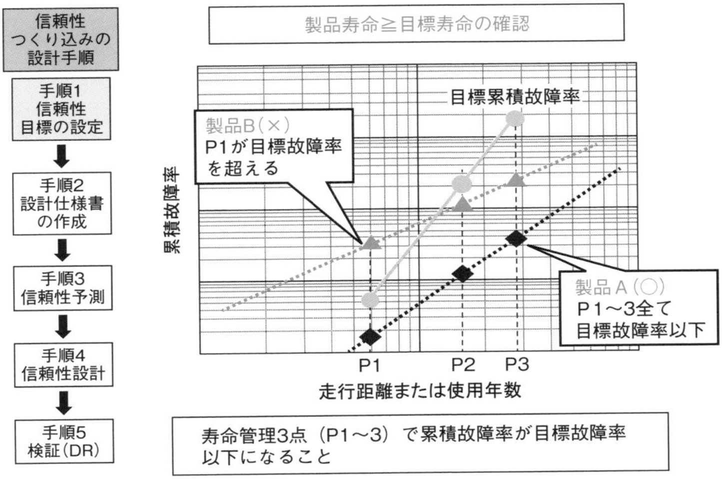

図 6-34 ●目標寿命を満たす条件
（作成：筆者）

代表点（P2）と③終了点（P3）の2点の累積故障率は目標累積故障率を下回っていますが、①開始点（P1）の累積故障率が目標累積故障率を超えてしまっています。そのため、製品Bの設計は目標寿命を満足するとはいえません。

（3）の信頼性予測において実施すべき事項は5つあります（図6-35）。①過去の実績や経験を活用する、②過去に実績や経験を有する設計を採用する、③新材料や新部品の早期信頼度の確立を図る、④故障物理を応用する、⑤発生する故障をあらかじめ予測し、機能に与える影響を明らかにして、対策方法を事前に処置する——の5つです。

①の過去の実績や経験を活用するでは、例えば蓄積された実験データの活用や、市場データの収集と解析、クレームおよび工程内不良データの解析を利用します。

信頼性つくり込みの設計手順	実施事項	例
手順1 信頼性目標の設定	①過去の実績や経験を活用する	・蓄積された実験データの活用 ・市場データの収集と解析 ・クレームおよび工程内不良データの解析
手順2 設計仕様書の作成	②過去に実績や経験を有する設計を採用する	・標準品の選定や実績技術の普遍化 ・未経験、未評価技術の回避
手順3 信頼性予測	③新材料や新部品の早期信頼度の確立を図る	・サプライヤーからの必要なデータの入手 ・信頼性試験の実施と解析 ・ディレーティング曲線の作成と活用
手順4 信頼性設計	④故障物理を応用する	・原子や分子的な立場まで遡った故障解析 ・故障モードやメカニズム、ストレス、時間の関係の把握
手順5 検証（DR）	⑤発生する故障をあらかじめ予測し、機能に与える影響を明らかにして、対策方法を事前に処置する	・FMEA や FTA ・PDPC

図6-35 ●信頼性予測のための実施事項
（作成：筆者）

　②の過去に実績や経験を有する設計を採用するでは、例えば標準品の選定や実績技術の普遍化、未経験技術や未評価技術の回避を行います。

　③の新材料や新部品の早期信頼度の確立を図るでは、例えばサプライヤーからの必要なデータの入手や、信頼性試験の実施と解析、ディレーティング曲線の作成と活用を検討します。

　④の故障物理を応用するでは、例えば原子や分子的な立場まで遡った故障解析や、故障モードやメカニズム、ストレス、時間の関係の把握を行います。

　⑤の発生する故障をあらかじめ予測し、機能に与える影響を明らかにして、対策方法を事前に処置するでは、例えばFMEA（故障モード影

響解析）やFTA（故障の木解析）、PDPC（過程決定計画図）を活用します。

信頼性設計における基本的な考えとその優先順位

　（4）の信頼性設計では、設計における基本的な考えに対し、4つの優先順位を押さえておかなければなりません（図6-36）。まず、当然ですが①故障が発生しない設計を考える必要があります。万が一②故障が発生しても、機能を保てるように設計を工夫します。それができない場合は、③故障が発生しても、周囲に影響を及ぼさずに機能を停止するような設計を講じます。それができない場合は、④故障が発生しても、直ちに機能回復のための修復ができる設計にしなければなりません。こうした優先順位で設計することを心掛けてください。

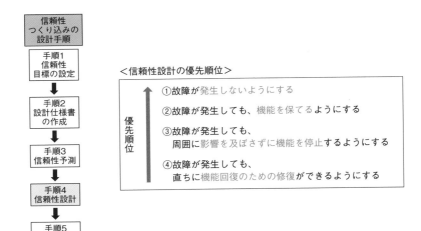

図6-36 ●信頼性設計の優先順位
（作成：筆者）

信頼性 つくり込みの 設計手順	基本的考え	方策		具体例
手順1 信頼性 目標の設定	①故障が発生しない ようにする	余裕度の向上		負荷低減、強度向上
		要素数の低減		モジュール化 構造の簡素化
手順2 設計仕様書 の作成		誤操作防止		ポカヨケ設備
	②故障が発生して も、機能を保てるよ うにする	冗長 設計	構成の冗長化	スペアタイヤ センサーの複数化
手順3 信頼性予測			機能の冗長化	電機系と機械系の冗長化 （電子スロットル）
手順4 信頼性設計	③故障が発生して も、周囲に影響を及 ぼさずに機能を停止 するようにする	フェールセーフ（異 常時に安全側に働く 仕掛け）		信号系統を故障の場合に 赤にする
		故障認知性の向上		異常時に点灯する
手順5 検証（DR）		ブレーカー機能の設 置		過電流時ブレーカー作動
	④故障が発生して も、直ちに機能回復 のための修復ができ るようにする	故障検知や診断能力 の向上		異常内容の CPU への記 録
		分解や組み立て性の 向上		インジェクターの取り付 け・取り外し性の向上

図 6-37 ●信頼性設計の方策
（作成：筆者）

　では、優先順位を設けたこれらの信頼性設計の基本的な考えに対し、どのような設計を心掛ければよいのか。方策と具体例を示したのが図6-37 です。優先順位が最も高い①の故障が発生しないようにするという基本的な考えに対する方策には、余裕度の向上や要素数の低減、誤操作防止があります。具体的には、余裕度の向上のために負荷低減や強度向上を、要素数の低減のためにモジュール化や構造の簡素化を、誤操作防止のためにポカヨケ設備を検討します。

　優先順位が次に高い②の故障が発生しても、機能を保てるようにするという基本的な考えに対する方策には、冗長設計があります。これにはさらに構成の冗長化と機能の冗長化が考えられます。例えば、構成の冗

長化にはスペアタイヤやセンサーの複数化が考えられます。一方、機能の冗長化には電機系と機械系の冗長化（電子スロットル）などが挙げられます。

　優先順位が3番目の③故障が発生しても、周囲に影響を及ぼさずに機能停止するようにするという基本的な考えに対する方策には、フェールセーフ（異常時に安全側に働く仕掛け）と故障認知性の向上、ブレーカー機能の設置があります。具体的には、フェールセーフには信号系統を故障の場合に赤にする、故障認知性の向上には異常時に点灯する、ブレーカー機能の設置には過電流時にブレーカーを作動させるといった設計を検討します。

　優先順位が4番目の④故障が発生しても、直ちに機能回復のための修理ができるようにするという基本的な考えに対する方策には、故障検知や診断能力の向上、分解や組み立て性の向上があります。具体的には、故障検知や診断能力の向上には異常内容のCPUへの記録、分解や組み立て性の向上にはインジェクターの取り付け・取り外し性の向上といった設計の導入を考えます。

　これらの方策のうち、特に注意してほしいのが冗長設計です。冗長設計したつもりでも、実はそうなっていないケースがあるからです。最大の教訓に1985年に起きた日本航空「JAL123便」の墜落事故があります。制御経路の集中による重大事故の事例です。

　この航空機では一応、冗長設計が施されており、油圧制御経路が2重になっていました。ところが、後部圧力隔壁が破損したことにより、垂直尾翼の油圧制御経路も水平尾翼の油圧制御経路も同時に破損。両尾翼

の制御が共にできなくなり、機体が操縦不能に陥りました。これは、油圧制御経路を機体の1カ所に集中配置してしまったために起きた事故です。

　現在、さまざまな製品やシステムで電子化や自動化、知能化が進んでいます。電子部品やセンサー、電子制御ユニット（ECU）が増えて配線や制御経路は増える一方です。フェールセーフ設計を施したつもりでも、配線や制御経路の配置を集中させると同じような故障や事故が発生する危険性があります。配線や制御経路の分散配置まで考えなければフェールセーフ設計とは呼べず、もちろん信頼性設計を十分に施したともいえないことを肝に銘じる必要があります。

6.10 品質手法⑮信頼性設計・信頼性試験（その2）

　信頼性試験は、寿命確認の手法です。信頼性設計と1セットで使います。信頼性設計で実施した寿命設計に対し、信頼性試験でその寿命の確認を行うために使います。

　信頼性試験とは、現物を使い、将来量産される製品が市場の使用環境条件で、目標とする期間、稼働できるか否かを確認するための試験です（図6-38）。

　信頼性試験の実施時期は、（1）試作段階と（2）量産試作段階、（3）量産段階です。（1）の試作段階の信頼性試験では、試作品の設計品質（製品仕様と機能、信頼性）を確認します。実施するのは、通常は技術部（開発設計部門）です。

<信頼性試験>

> 現物を使い、将来量産される製品が市場の使用環境条件で、目標とする期間、稼働できるか否かを確認するための試験

<実施時期>

実施時期	内容	実施部署
（1）試作段階	試作品の設計品質（製品仕様と機能、信頼性）を確認する	開発設計部門
（2）量産試作段階	量産工程で製造された製品の信頼性を確認する	品質保証部門
（3）量産段階	流動品の製造ロットを保証するため、定期的にサンプリングして試験を実施する	品質保証部門

図6-38 ● 信頼性試験と実施時期
（作成：筆者）

　（2）の量産試作段階の信頼性試験では、量産工程で製造された製品の信頼性を確認します。実施するのは通常、品質保証部門です。

　（3）の量産段階の信頼性試験では、流動品の製造ロットを保証するため、定期的にサンプリングして試験を実施します。これも通常は品質保証部門が担当します。

　このように、信頼性試験は試作段階と量産試作段階、量産段階の3段階の全てで実施することが大切です。

　信頼性試験は、製品（部品）やシステム単体はもちろん、それを組み込んだ最終製品に対しても行う必要があります。例えば自動車でいえば、製品信頼性試験と実車試験の両方を実施します（図6-39）。製品やシステム単体の信頼性試験でも最終製品の信頼性試験でも、どのような試験を考えているのか、またどのような試験ができるのか、そして製品の実力を判断できる信頼性試験になっているかどうかをしっかりと押さえる必要があります。

　例えば自動車であれば、製品信頼性試験では機能耐久試験や環境試験

試験名			内容
製品信頼性試験	機能耐久試験	加速寿命試験	実際の使用状態より早く連続的に動作を与える
		強制劣化試験	実際の使用条件よりも厳しい条件で短時間で評価を行う
	環境試験	複合環境試験	温度、湿度、振動、気圧などいろいろな環境条件で試験する
実車試験	実走行試験	実用耐久試験	高速周回路、屈曲路、登降坂路、発進、制動テスト
		加速耐久試験	市場の厳しい条件を再現した試験
		特殊環境試験	寒冷地、酷暑地、泥水路、塩水路
		モニター試験	一般ユーザー、タクシー
	台上模擬試験		市場相当の走行パターンを模擬した試験

> どのような試験を考えているか？
> どのような試験ができるか？

> 製品の実力が判断できるか？

図 6-39 ● 信頼性試験の構成
（作成：筆者）

を考えます。そして、**機能耐久試験では、加速寿命試験や強制劣化試験を行います。環境試験では、複合環境試験を実施します。**

　一方、**実車試験では実走行試験や台上模擬試験を考えます。そして、実走行試験では、実用耐久試験と加速耐久試験、特殊環境試験、モニター試験**を行います。

信頼性試験条件の求め方

　信頼性試験では、適切な試験条件（信頼性試験条件）を決めることが非常に重要です。いくら試験を実施しても、的外れな試験条件では信頼性を正しく評価することはできないからです。適切な信頼性試験条件を求めるには、しっかりと調査して情報を集める必要があります。そのためには、**①市場ストレス調査、②使用環境調査**（自動車の場合：実車環

境調査）、③良品回収調査、④不具合の再現──を実施しなければなりません（図6-40）。

まず、①の市場ストレス調査では、製品が市場で受けるストレスを調べます。例えば、自動車であれば、自然環境（気候）や人工的環境（電磁波や誘導ノイズなど）、車両・製品自体（荷重や振動、熱、圧力など）、ユーザーの使い方（走り方や荷重、各種の操作など）を調査するのです。

市場ストレス調査とは別に、②の使用環境調査（実車環境調査）も必要です。これはテストコースを利用して、例えば、外気温か車速でクルマのエンジンルームの温度が何℃になるかなどの実際の走行状態での環境を具体的に調べます。

当然、市場で壊れた製品に関しては回収して調べていると思います。しかし、意外に忘れられているのが、③の良品回収調査です。市場で品質不具合や故障、トラブルなどの問題が起きずに良品のまま使用されている製品を回収し、ワイブル解析を実施して製品の寿命を推定します。

こうして得られた情報から信頼性試験条件を仮決めし、④の不具合の再現を実施します。ここで、専用の試験設備（試験ベンチ）などにより、市場での品質不具合を再現できることを確認したら、ようやく信頼性試験条件が適切か否かが分かるのです。

このように、適切な信頼性試験条件を決めるのにはコストも時間もかかります。しかし、その分、企業はノウハウの詰まった価値のある情報を獲得でき、信頼性に関する競争力の向上につながります。やはり、調査によってこつこつと地道に情報を集めるしかありません。

信頼性試験条件を決めても、実際の市場環境と同じ時間がかかっては

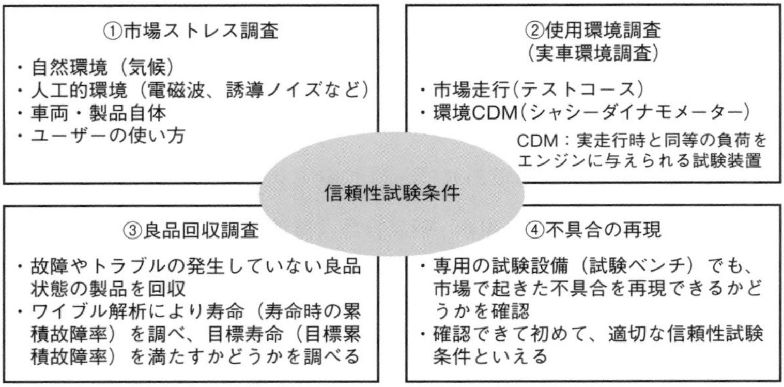

①市場ストレス調査	②使用環境調査 （実車環境調査）
・自然環境（気候） ・人工的環境（電磁波、誘導ノイズなど） ・車両・製品自体 ・ユーザーの使い方	・市場走行（テストコース） ・環境CDM（シャシーダイナモメーター） 　CDM：実走行時と同等の負荷を 　エンジンに与えられる試験装置
③良品回収調査	④不具合の再現
・故障やトラブルの発生していない良品 状態の製品を回収 ・ワイブル解析により寿命（寿命時の累 積故障率）を調べ、目標寿命（目標累 積故障率）を満たすかどうかを調べる	・専用の試験設備（試験ベンチ）でも、 市場で起きた不具合を再現できるかど うかを確認 ・確認できて初めて、適切な信頼性試験 条件といえる

信頼性試験条件

図6-40 ● 信頼性試験条件の求め方
（作成：筆者）

意味がありません。当然、実際の市場環境よりも早く結果が分かる加速試験が必要です。例えば、実車では300時間かかるのに対し、30時間で評価できる信頼性試験条件（加速試験条件）を求めなければなりません。もちろん、信頼性試験条件と市場との相関がとれていることは必須です。

　このためには、例えばワイブル解析を実施し、同じ特性になるような加速試験条件を見いだします。こうして、例えば台上試験を利用した30時間の加速試験で、市場における3年の寿命と相関をとる。すると、実車の300時間分の加速試験で、市場における30年の寿命を評価できるというわけです（図6-41）。

信頼性試験における留意点

　信頼性試験で留意すべき点には、①試験条件と②試験期間、③故障率があります。①の試験条件では、市場をシミュレートした条件にする必

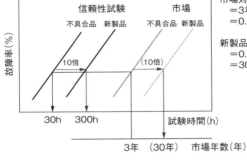

図 6-41 ●信頼性試験と市場との対応づけ
（作成：筆者）

項目	留意点	考慮すべき点
①試験条件	市場をシミュレートした条件とする	使用環境条件
②試験期間	使用期間相当の期間とする	製品の目標寿命
③故障率	信頼性設計で決めた目標寿命を保証する故障率にする	・信頼度配分 ・重要度

表 6-3 ●信頼性試験における留意点
（作成：筆者）

要があります（**表6-3**）。考慮すべき点は使用環境条件です。

　②の試験期間では、製品の目標寿命をきちんと測定できる、使用期間相当の期間にする必要があります。

　③の故障率では、信頼性設計で決めた目標寿命（目標累積故障率）を保証する故障率にしなければなりません。考慮すべき点は、信頼度配分と重要度です。

　信頼性試験で不具合を検出するには、①試験条件と②試験サンプル、③結果の判定の全てが完璧でなければなりません（**図6-42**）。①の試験条件が適していること。②の試験サンプルでは、中央値のサンプルば

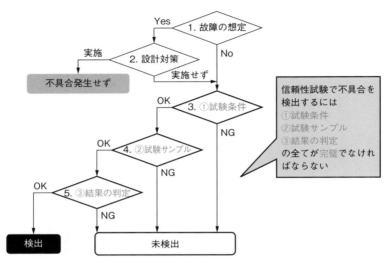

図6-42 ● 信頼性試験で不具合を検出する条件
（作成：筆者）

かりを集めてはいけません。すなわち、工場から持ってきた試験サンプルだけではなく、上下限品も作って試験サンプルとして使う必要があります。そして、③の結果の判定では、判断基準を設けなければなりません。信頼性試験をやりっぱなしで、それで寿命を本当に測れているかどうかを判断できないのでは困ります。信頼性試験を実施して、壊れた、壊れないだけで判断してはいけません。きちんと判断基準を設定し、結果を判定できるようにする必要があります。

第1章

第2章

第3章

第4章

第5章

第6章

第8章

第7章

「もの」の品質つくり込み
ものづくり―製造段階―

ものづくりにおける開発段階の品質管理手法（以下、品質手法）に続くのが、「製造段階」の品質手法です（図7-1）。これには2つの品質手法があります。⑯工程FMEA、⑰QAネットワークです。

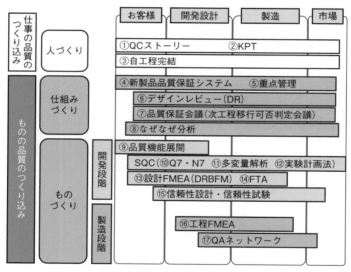

図7-1 ●17の品質手法と分類、適用領域
（作成：筆者）

7.1 品質手法⑯工程FMEA

工程FMEAは、生産ラインの工程設計を対象とするFMEA（Failure Mode and Effects Analysis；故障モード影響解析）です。工程設計において品質不具合を未然に防ぐための手法となります。工程設計におい

て生じる可能性がある品質不具合を洗い出し、不良品を造らない工程に
する。かつ、万が一品質不具合が発生した場合でも、不良品を流さない
工程にする。すなわち、工程の故障モードを抜けなく抽出し、品質不具
合品を発生させず、かつ流さない工程づくりを行うのが工程FMEAの
目的です（図7-2）。トヨタグループにおける品質問題を防ぐ「4大未
然防止手法」の1つです。

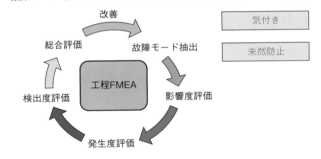

＜目的＞

| 製造工程における故障モード（リスク）を抽出し、工程を改善して品質不具合を未然防止する |

故障モード（リスク）：生産時に起こり得る品質不具合

図7-2 ● 工程FMEAの目的
（作成：筆者）

工程設計では、工程能力調査や工程管理明細表、作業要領書を作り、
さらに後述するQAネットワーク（17の品質手法の⑰）を実施します。
しかし、これで工程設計が終了というわけではありません。この後に工
程FMEAを実施する必要があるのです。トヨタグループでは、この工
程FMEAを行わずに工程設計したとは認められません。

工程FMEAは、設計FMEAと基本的な考えは同じです。いかに気付
いて未然防止に結び付けるかが大切です。まず、故障モードを抜けなく

抽出する。続いて、その影響度を評価し、発生度を評価して、検出度を評価する。こうして総合判断することで、その工程がいいかどうかを判断します。

これにより、工程設計段階において不良品を造らない、かつ不良品を流さない工程づくりを進めます。不良品を造らないという "横糸" と、不良品を流さないという "縦糸" により、「品質つくり込み」の "網" を張るイメージです（図7-3）。

工程設計段階における不良品を「造らない」
かつ「流さない」工程づくり

図7-3 ● 工程FMEA実施の基本的考え
（作成：筆者）

7.1.1 工程FMEAの実施手順

工程FMEAの実施手順は、事前準備と工程FMEAワークシート記入の2つのステップで構成されています（図7-4）。すなわち、設計FMEAと同じく、いきなりワークシートに書き込むのではなく、事前準備を行うことが大切です。

まず事前準備では、(1) 対象となる生産ライン（以下、ライン）の明確化、(2) 製造工程フローの明確化、(3) 工程の保証特性の明確化の3つを実施します。

ステップ1　事前準備
準備1　対象ラインの明確化
↓
準備2　製造工程フローの明確化
↓
準備3　工程の保証特性の明確化

ステップ2　工程FMEAワークシート記入
手順1　対象工程の列挙
手順2　工程機能の列挙
手順3　故障モードの抽出
手順4　故障の影響と影響度の検討
手順5　故障の原因分析
手順6　故障の原因防止工程の 　　　明確化と発生度の検討
手順7　検出方法の明確化と 　　　検出度の検討
手順8　総合評価と対策の要否の検討
手順9　故障対策
手順10　再評価

図 7-4 ● 工程 FMEA の実施手順
（作成：筆者）

　これらを終えたら、次に工程 FMEA のワークシートへの記入に移行します。こちらは 10 の手順で構成されています。(1) 対象工程の列挙、(2) 工程機能の列挙、(3) 故障モードの抽出、(4) 故障の影響と影響度の検討、(5) 故障の原因分析、(6) 故障の原因防止工程の明確化と発生度の検討、(7) 検出方法の明確化と検出度の検討、(8) 総合評価と対策の要否の検討、(9) 故障対策、(10) 再評価です。

　こうして工程 FMEA のワークシートを記入したら、関係者全員が集まって議論し、ワークシートに書き込んだ内容で本当によいかどうかを確認します。よく工程 FMEA のワークシートを記入するだけで終わりにしてしまうケースがありますが、それでは工程設計における品質不具合を未然に防ぐことはできません。

サブ工程も忘れずに検討する

　工程FMEAで押さえておくべきポイントは2つあります。1つは、メイン工程の前後にある、途中の工程（サブ工程）にも注意を配ることです。具体的には、工程FMEAのワークシートの中にある機能の分割の項目に、メイン工程だけではなく、サブ工程にどのような機能があるかを明記します。

　工程FMEAを実施する場合、メイン工程で検討漏れがあることはあまりありません。ところが、メイン工程の前後にあるサブ工程は盲点となり、抜けや漏れが見つかることが結構あります。そのため、メイン工程は問題がないのに、サブ工程で品質不具合が生じることがあるのです。従って、サブ工程まで忘れずに機能を分割し、工程FMEAのワークシートにきちんと記入して議論することが大切です（図7-5）。

　もう1つは、メイン工程とサブ工程を含めた全工程で考えられる品質不具合について、どのようにして発生を防いでいるのか、そしてどのようにして流出を防いでいるかを検討することです。具体的には、工程FMEAのワークシート内の原因防止の工程と検出方法の欄に、それぞれ発生防方法と流出防止方法を忘れずに記入する必要があります。こうして皆で議論するのです（図7-6）。

　工程FMEAでは、顧客企業の要請を受けて仕方なく工程FMEAを実施している企業が目に付きます。顧客企業は管理上の理由から、工程FMEAを実施していない企業とは取引しない。それでは困るので、とりあえず工程FMEAのワークシートを記入して顧客企業に提出すると

工程FMEA

製品名（仕向け）		対象工場	
製品No		対象ライン	

文書番号	
作成日	
更新日	
版数	

承認	確認	作成

No	工程名	機能		故障モード	故障の影響				影響度	故障の原因	原因防止の工程（故障の発生防止方法）	発生度	検出方法（故障品の流出防止方法）	検出度	総合評価	評価	故障対策	再評価点数				評価
		工程の機能	機能の分割		製造工程への影響	影響度	お客様への影響	影響度								○ or ×	対策内容 又は 管理方法	影響度	発生度	検出度	総合	○ or ×
1																						
2																						
5																						

評価点	評価元
影響度	故障モードから求めた、「製造工程への影響度」と「お客様への影響度」の高い方を用いる
発生度	原因防止の工程
検出度	検出方法

影響度	基準
4	致命的
3	重大
2	軽妙
1	微妙

発生度	基準
4	管理できていない。工程能力不足
3	作業標準に従って作業
2	設備、治具で異常を検知
1	不良が発生しない

検出度	基準
4	作業要領書不明確 検出力なし
3	官能検査
2	設備、治具で異常を検知
1	不良が流出しない

総合評価	評価	処置
17以上	×	対策内容及び歯止めを明確にし管理方法を決める ⇒再評価が○になるまで見直す
17未満	○	管理方法の内容を明確にする

図 7-5●工程 FMEA のワークシート
（作成：筆者）

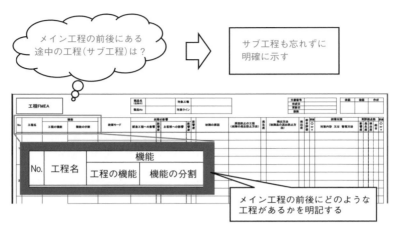

図7-6 ● 工程FMEAのポイント（その1）
（作成：筆者）

いうケースです。

　しかし、こうした管理のために工程FMEAを実施してはいけません。あくまでも品質不具合の発生と流出を防ぐために行う必要があるのです。そのためには、皆で議論する必要があります。従って、きちんとした議論が成立し得る工程FMEAのワークシートを作成しなければなりません（図7-7）。

7.2 品質手法⑰QAネットワーク

　QAネットワークは、最小限のコストで品質不具合品（不良品）を造らず、かつ流出させないための品質手法です。QAはQuality Assurance、すなわち品質保証の意味です。QAネットワークは生産ライン（製造工程）における不良品撲滅の「決定版」と言ってもよいでしょう。トヨタ

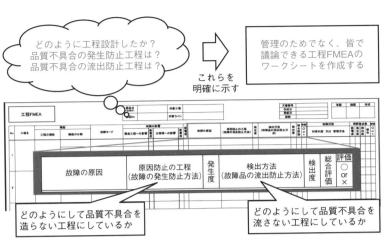

図7-7 ●工程 FMEA のポイント（その2）
（作成：著者）

自動車が考え出したもので、品質の確保とコストのバランスをとった**全体最適**の視点で出来ていることも特徴の1つです。トヨタグループの**4大未然防止手法**の1つです。

QA ネットワークでは、「品質保証の網」を張り、発生防止と流出防止の両面から問題点を抽出する。これにより、不良品を造らないし、万が一造ったとしても後工程に流さない工夫を施して、社外への不良品の流出を防ぎます。しかし、これだけではありません。費用をかけすぎずに不良品を外に流さないようにすることも、QA ネットワークの目的です（図7-8）。

活動を進める上で、QA ネットワークでは2枚の帳票を作成します（図7-9）。[1] **QA ネットワーク表**と［2］**QA ネットワーク改善計画表**です。これら2枚の帳票の関係は、QA ネットワーク表で生産ライン

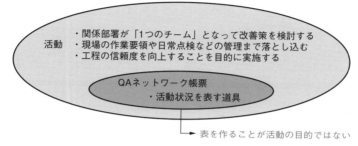

＜目的＞

品質保証の網を張り、発生防止と流出防止の両面から問題点を抽出し、不良品を造らない、かつ流さない工夫を施す。これにより、社外への不良品の流出を防ぐ

活動
・関係部署が「1つのチーム」となって改善策を検討する
・現場の作業要領や日常点検などの管理まで落とし込む
・工程の信頼度を向上することを目的に実施する

QAネットワーク帳票
・活動状況を表す道具

└─► 表を作ることが活動の目的ではない

図 7-8 ● QA ネットワークの目的
（作成：筆者）

[1] QA ネットワーク表

各生産ラインにおける全ての製造保証項目について、以下の３つを盛り込んだマトリクス表
・どの工程で発生・流出防止が施されているかを示す
・それぞれの保証項目について、発生・流出防止レベルから保証度を評価し、ランク付けする
・現場の標準類への落とし込み状況を表す

[2] QA ネットワーク改善計画表

QA ネットワーク表から目標未達成の項目を抽出し、関係部署で改善の要否を議論した結果をまとめた表
・改善案と改善後の目標達成予測・計画を記載する
・改善実施項目について管理する

図 7-9 ● QA ネットワーク帳票
（作成：著者）

　の全工程をマトリクスにして確認し、品質不具合が起きたら QA ネットワーク改善計画表に書き込んで対策を進めていきます。

　[1] の **QA ネットワーク表**は、各生産ラインにおける全ての製造保証項目（工程で保証しなければならない項目）について、以下の３つを盛

り込んだマトリクス表です。

(1) どの工程で発生防止と流出防止が施されているかを示す

(2) それぞれの保証項目について、発生防止レベルと流出防止レベルから保証度を評価し、ランク付けする

(3) 現場の標準類への落とし込み状況を表す

　QAネットワークの特徴は、まず生産ライン全体をマトリクス表で一覧できるため、関係者全員で製造保証の状況に対する認識を共有できることです（**図7-10**）。生産ライン全体を通して確認できるため、工程をまたいだ流出防止策の確認や、流出防止工程の変更の検討も簡単にで

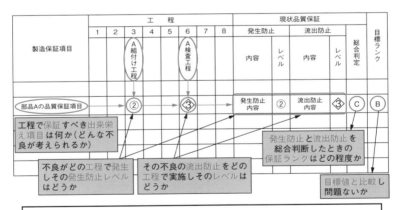

図7-10 ●QAネットワーク表
（作成：筆者）

きます。加えて、発生防止と流出防止を総合的にランク評価しているため、工程の強みと弱みが分かります。そして、現場の管理帳票への落とし込みが明確になります。

　[2]の**QAネットワーク改善計画表**は、QAネットワーク表から目標未達成の項目を抽出し、関係部署で改善の要否を議論した結果をまとめた表です（**図7-11**）。次の2つを盛り込む必要があります。

(1) 改善案と改善後の目標達成予測・計画を記載する
(2) 改善実施項目について管理する

　QAネットワーク改善計画表の特徴は、目標未達成項目と議論の結果を一覧でき、工程の弱点が分かることです。加えて、改善内容と計画を

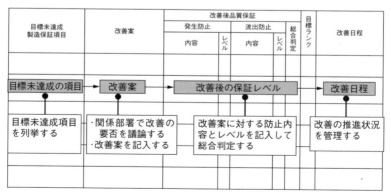

図7-11 ●QAネットワーク改善計画表
（作成：筆者）

把握することが可能です。

7.2.1 QA ネットワークの実施方法

　QA ネットワーク表では、横串で、製品に関して全ての工程の製造保証項目を網羅しなければなりません。理想は、自社の生産ラインの工程だけではなく、仕入れ先から納入先までカバー（ラインスルーで保証）することです。こうすれば、いわゆる不良品の市場への流出を防ぐ確率をさらに高めることができます。

　ムダの削減にもつながります。例えば、部品メーカーから最終製品メーカーに納める製品の場合、部品メーカーがある製造保証項目について検査しているのに、最終製品メーカーも同じ製造保証項目を検査するのは、本来はムダです。QA ネットワーク表を自社の壁を越えて全ての工程に展開すれば、こうしたムダを省くことも可能なのです。

　全工程に QA ネットワークを展開することで、工程全体を見渡した工程の弱点はもちろん、必要性を超えた品質保証をしているムダな箇所も分かります。弱点になっているところに費用をかけて対策（改善）を講じる一方で、ムダな箇所は適切なレベルに下げて費用を抑える。これが全体最適のゆえんです（図 7-12）。

　QA ネットワーク表の使い方はこうです。まず製造保証項目に工程で保証すべき項目は何か（どのような不良が考えられるか）を記載した上で、不良がどの工程で発生しており、その発生防止レベルがどれくらいかを書き込みます。続いて、その不良に対する流出防止をどの工程で実施しており、その流出防止レベルがどれくらいなのかについて記入。次

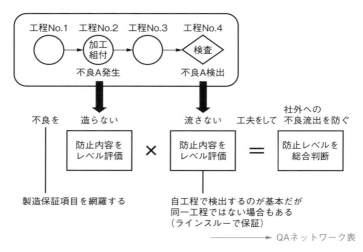

図 7-12 ●不良の発生・流出の関係
（作成：筆者）

に、発生防止と流出防止を総合評価したときの保証度がどれくらいなの
かを判断します。こうして目標値と比較して問題がないかどうかを確認
した上で、すべきことが現場の標準類に織り込まれているかどうかにつ
いてチェックします

　続いて、このQAネットワーク表の結果を踏まえ、工程の弱点と判定
された製造保証項目を目標未達成の項目として、QAネットワーク改善
計画表を使って改善していきます。まず、QAネットワーク改善計画表
に目標未達成項目を記載し、その項目について関係部署で改善の要否を
議論した上で、改善案を書き込みます。続いて、改善後の保証レベルと
して、改善案に対する発生防止の内容とそのレベル、さらに流出防止の
内容とそのレベルについて記載します。そして、最後に改善日程を記
し、提案した改善が計画通りに進んでいるかどうかについて管理してい

くのです。

7.2.2 不良の発生防止レベルと流出防止レベル

　QA ネットワークにおいて、**不良の発生防止**レベルは 4 段階で評価します（**図 7-13**）。レベル 1 が最も高いレベルでレベル 4 が最も低いレベルです。

レベル 1：不良が発生しない

・設備的に不良の発生防止が十分で、かつ設備の異常を確実に検知できる

レベル 2：設備や治具で異常を検知する

発生防止レベルは以下に基づいて評価する

1	2	3	4
・設備的に不良の発生防止が十分で、かつ設備の異常を確実に検知できる	・一部人的作業で保証しているが、通常作業は4Mが標準化されていて発生防止が十分	・人的作業への依存が大きいが、勘やコツに頼る要素が少ない ・設備上発生防止が十分とはいえないが、工程能力はある	・標準の順守が困難 ・設備上工程能力が不十分 ・勘やコツに頼る要素が大きい

不良が発生しない	設備や治具で異常を検知する	作業標準に頼って作業する （通常の手組工程）	・管理できていない ・工程能力が不足

人の介在が大きいほど、レベルが下がるように設定 →

【トルクの例】
・サーボドライバー　　　・トルクレンチ　　　　・インパクトレンチ　　・ドライバー
　（締め付けパターン制御）　（QLレンチ）　　　　・トルクドライバー
・角度締め付け　　　　　・トルク設定型ドライバー
　　　　　　　　　　　　（異常検知ありの場合）

図 7-13 ● 発生防止レベル
（作成：筆者）

・一部人的作業で保証しているが、通常作業は4M（Man；人、Machine；機械、Method；方法、Material；材料）が標準化されていて発生防止が十分

レベル3：作業標準に頼って作業する

・人的作業への依存が大きいが、勘やコツ（カン・コツ）に頼る要素が少ない

・設備上発生防止が十分とはいえないが、工程能力はある

レベル4：管理できていない、工程能力が不足

・標準の順守が困難

・設備上工程能力が不十分

・カン・コツに頼る要素が大きい

　人の介在が大きいほど、あるいは標準化が進んでないほど発生防止レベルが下がるように設定します。例えば、ねじの締め付けトルクの場合、人間が使う一般のドライバーはレベル4です。インパクトレンチやトルクドライバーを使えばレベル3に、トルクレンチ（QLレンチ）やトルク設定型ドライバーを使用するとレベル2に上がります。そして、サーボドライバーを使ったり角度締め付けを行ったりすることで、ようやくレベル1に到達します。

　流出防止レベルも同じく4段階で評価します（図7-14）。こちらも、レベル1が最上位でレベル4が最下位です。

レベル1：不良が発生しない

流出防止レベルは以下に基づいて評価する

①	②	③	④
・設備的に不良の流出防止が十分で、かつ設備の異常を確実に検知できる	・一部人的作業で保証しているが、通常作業は4Mが標準化されていて流出防止が十分	・人的作業への依存が大きく、標準およびその順守に一部不安が見られる ・設備上流出防止が十分とはいえない	・標準が不備、もしくは順守が不十分 ・設備上、不良流出の可能性大

不良が流出しない	設備や治具で異常を検知する	官能検査で異常を検知する （目視検査など）	・要領書が不明確 ・検出力なし

図 7-14 ● 流出防止レベル
（作成：筆者）

・設備的に**不良の流出防止**が十分で、かつ設備の異常を確実に検知できる

レベル2：設備や治具で異常を検知する

・一部人的作業で保証しているが、通常作業は4Mが標準化されていて流出防止が十分

レベル3：官能検査（目視検査など）で異常を検知する

・人的作業への依存が大きく、標準およびその順守に一部不安が見られる

・設備上流出防止が十分とはいえない

レベル4：要領書が不明確、検出力なし

・標準が不備、もしくは順守が不十分

・設備上、不良流出の可能性大

　流出防止レベルも、人の介在が大きいほど、あるいは標準化が進んでないほど流出防止レベルを下げます。

　こうして製造保証項目に対して発生防止レベルと流出防止レベルを評価したら、次に保証ランクの総合判定を行います。これには、行（横）に発生防止レベルを、列（縦）に流出防止レベルをそれぞれレベル1〜4まで取った、4×4＝16個のマスから成るマトリクスを使います。各マスはA〜Fのランクが**図7-15**のようにあらかじめ決まっています。また、A〜Fの各ランクの評価内容は次の通りです。

A：最重要品質保証項目の目標レベル

B：重要品質保証項目の目標レベル

C：一般項目の目標レベル

D〜F：不可

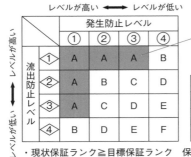

図7-15 ● 保証ランクの総合判定
（作成：筆者）

　このマトリクスを使い、保証ランクの総合判定を行います。ある製造保証項目について、発生防止レベルと流出防止レベルを判定した後、マトリクスの該当するマスに丸「○」を付けます。例えば、「発生防止レベルが②」、「流出防止レベルが〈3〉」であれば、マトリクスの2列目×3行目のマスに「○」を付けます。すると、そのマスは「C」ランクですから、保証ランクはCランクとなります。すなわち、「一般項目の目標ランク」です。

　ただし、Cランクという評価が必ずしも不合格というわけではありません。合格か不合格かは、目標とする品質保証ランク（目標保証ランク）によるのです。例えば、ここで調べた製造保証項目の要求レベルが一般的な水準で構わないのであれば、Cランクでも合格です。これに対し、例えば重要な保安部品（安全のために搭載が法令で義務付けられている部品）のように、厳しい水準が求められる部品であればAランク、すなわち「最重要品質保証項目の目標ランク」にしなければなりません。すなわち、安全や法規などに関するところはAランク、これらに間接的に影響するところはBランク、そして一般項目はCランクです。

　つまり、現状の保証ランクが目標保証ランク以上であれば、保証度に問題がないので目標達成です。しかし、現状の保証ランクが目標保証ランクを下回っていれば、保証度に問題があるので、目標未達成と判定します。こうして、目標未達成項目を工程の弱点と判断するのです。

　ただし、現状の保証ランクが目標保証ランクに比べて高すぎる場合は、ムダと判断します。例えば、目標保証ランクがCランクなのに現状の保証ランクがAであれば、ムダに高い品質保証レベルと判断できま

す。それは、ムダな資金を費やしているということです。従って、この場合は現状の保証ランクを適切な水準まで下げて、その分、コストを削減すればよいというわけです。このように、必要な品質保証レベルを維持しつつ、コストを必要最低限にできるため、QA ネットワークは全体最適と呼べるのです。

第8章

インタビューで学ぶ品質管理手法

第1章
第2章
第3章
第4章
第5章
第6章
第7章

第**8**章

インタビューで学ぶ品質管理手法

・・

【QC ストーリー】
トヨタの課題解決力の秘密は「QC ストーリー」にあり

QC ストーリーは、トヨタグループの中で「仕事の品質」を高め、課題解決
力を向上させるツールとして普及している。トヨタグループは QC ストー
リーをどのように使いこなすのか。皆川氏に聞いた。

（聞き手は近岡 裕＝日経クロステック編集）

―― QC という言葉は「品質管理」を意味するものとして聞き慣れていま
すが、QC ストーリーという言葉はそれほどではありません。ズバリ、QC
ストーリーとは何ですか。

皆川　製造業において品質には2つあります。「ものの品質」と「仕事の品
質」です。このうち、仕事の品質を高めるために使うのが QC ストー
リーです。根本にある考えは、良い計画は良い結果を生み出すというも
の。きちんと計画を立て、質の高い結果を得ることを目的とするのが、
QC ストーリーです。

　計画を立てずにやみくもに着手すると、ばらばらなやり方や思い付き
に左右される可能性があります。そこで、ばらつきのない質の高い仕事
を遂行しようという考えから始まったのが QC ストーリーです。

　トヨタグループでは QC ストーリーを「問題解決のステップ」とも表
現します。では、問題とは何か。それはまさに日常の仕事そのもので

す。従って、QCストーリーは日々の仕事の改善ともいえます。具体的には、PDCA（計画・実行・評価・改善）サイクルを使ってQCストーリーをスパイラルアップさせることで、レベルを高めていきます。

—— PDCAサイクルは有名で、日本企業の中で知らない人はいないと思います。実務においてPDCAサイクルを回している企業は多いのでは？

皆川 確かに、「PDCAサイクルを回していますか？」と聞くと、「もちろんです」という言葉が返ってくることは日本企業では珍しくありません。でも、中身をよく聞いてみるとPDCAサイクルを回しているつもりの企業が多いと感じます。

その証拠に、順序立てて（きちんとステップを踏んで）PDCAサイクルを進めていません。加えて、定量的に進めていくこともできていないことが多い。こうなってしまう最大の理由は、「見える化」ができていないから。問題が何かを明確にしていないため、P（計画）を立てられないのです。きちんとP（計画）を立案し、順序立てて定量化してPDCAサイクルを回す、すなわちQCストーリーを回さないと、どこに進んでいくか分かりません。それこそ、地図も羅針盤も持たずに富士山の麓の青木ヶ原樹海を歩くようなもの。自分はゴールに向かって歩いているつもりでも、実際は運任せで進んでいるだけ。これに対し、QCストーリーでは「あの山の頂に、何月何日までに到達しよう」と決めたPDCAサイクルを回していきます。

PDCAサイクルを言葉としては学んでいても、実践的な手順について分かっていない人が多いと感じます。PDCAサイクルを回しているという管理者に「目標は何ですか？」と聞いても、「特にありません」と

いう回答が返ってくることが多いのです。目標がないのに、管理しているとはいえません。なぜなら、目標値と現状のギャップを補正するのが管理だからです。この場合、なんとなく PDCA サイクルを回している気になっているのでしょう。

—— トヨタグループの中で QC ストーリーはどのような位置付けなのでしょうか。

皆川 トヨタグループの中では QC ストーリーによって仕事を進めることがごく当たり前になっています。日常的に使っている手法のため、トヨタ自動車であれば「トヨタ流仕事の進め方」、デンソーなら「デンソー流仕事の進め方」と表現しています。

　特に、管理者にとっては必須の手法です。日頃の仕事をこれで回していく。新製品の開発プロジェクトでもマネジメントの発表会でも QC ストーリーに沿って説明しなければなりません。逆に言えば、QC ストーリーを使いこなせなければ管理者にはなれません。管理者だけではありません。技術者から事務員まで、新入員から社長まで、現場からスタッフ部門まで全部門が日常的に共通して使っているツールです。**統計的品質管理（SQC）**の発表会も技術研究発表会も QC サークルの発表会も、全て QC ストーリーに従って発表する必要があるのです。

—— トヨタグループが取り組む QC ストーリーは、一般に知られる PDCA サイクルとは違う点があるのでしょうか。

皆川 PDCA サイクルを回していく点は同じです。手順とやり方を明確に定めたものが QC ストーリーの特徴です。最も大きな違いは、P（計画）にじっくりと時間をかけることです。設計のフロントローディング化と

同じだと言えば、分かってもらえるでしょうか。ここで考えてみてください。「散らかった会議室」があるとします。これの何が問題でしょうか。テーブルに資料や物が乱雑に置かれています。そこで、これらを片付けました。さて、これで本当に問題は解決したのでしょうか。

—— きちんと整理・整頓したのであれば、それでよいのではないでしょうか。

皆川 いいえ、これでよいとは言えません。本当の問題は散らかっていることではないからです。会議室は何のためにあるのでしょうか。皆で議論するためですよね。確かに、散らかった物を片付けるのは当然です。しかし、本当の問題は「活発な議論が行えるようにすること」ではありませんか？ そうだとすれば、パソコンが必要なのではないでしょうか。ホワイトボードはありますか。プロジェクターは設置されていますか。

　実は会議室として「あるべき姿」がないと、問題が分からないのです。問題とは、あるべき姿と現状とのギャップだからです。多くの人が「問題、問題」と口にしますが、それが本当に問題なのかを考える必要があります。QCストーリーではまず、ぼんやりとした問題意識の中からテーマを選定することにじっくりと取り組みます。ところが、多くの人がよく検討せずにテーマを決めてしまいます。

　こうしてテーマを決めた後にも、大切な点があります。それは、目標を設定することです。目標がないとスタートを切ることができません。従って、「何を」「どれだけ」「いつまでに」という目標をきちんと決める必要があります。「何を」と「どれだけ」を決めても、「いつまでに」というのが意外に抜けてしまう傾向があります。また、この「いつまで

に」の設定次第で目標の難易度が変わります。

　例えば、生産性向上をテーマに設定する場合は、「生産のポテンシャル値を5%、来年3月までに高める」といった具合に目標を決める必要があります。ところが、こうした定量化した目標がなく、成り行きで「とにかく生産性を上げよう」という"目標"を掲げるケースが多いのです。そうではなく、問題を明確にし、目標も明確に決めることが大切です。

―― 有名なはずのPDCAサイクルを実務で使いこなせない企業があるのはなぜでしょうか。

皆川　分かりやすく、かつ具体的に学ぶ機会を持つ企業が少ないからだと思います。多くの企業が社員にPDCAサイクルについて記載された本を読むことを勧めます。本を開くと、確かにPDCAサイクルの説明が載っています。ところが、その説明はといえば「計画を立てましょう」「実行しましょう」「計画未達の部分をチェックしましょう」「足りないところを次のP（計画）に入れましょう」という程度で済ませているものが案外多い。逆に、「あるべき姿」を考えることや、「何を」「どれだけ」「いつまでに」という目標設定の仕方を具体的に記した本はほとんどありません。

　しかも、PDCAがあまりにも一般的な用語故に、知っているつもりになっている人が多い。結果、多くの社員が実はPDCAサイクルを回す具体的な進め方が分からないという状況になっているのだと思います。

　思い付きでなんとなく計画を立てて、気合いと根性で実行する。これでは「仕事にムラがある」「締め切り日までに実現できない」といった

悩みを抱えることになるでしょう。

—— トヨタグループではQCストーリーをどのように進めていくのですか。

皆川 まず、[1] 問題の明確化（テーマの選定）からスタートします。ぼんやりとしている問題を明確にするのです。**新QC7つ道具**の中の「親和図法」を使って「あるべき姿」を整理します。皆でどのような姿が良いといえるかを議論し、親和図法により意見をまとめていくのです。続いて、「あるべき姿」を絞り込み、それに対して現状を書き出します。こうして両方を比較し、問題点を導き出します。

次に、[2] 現状の把握に進みます。ここでは**KPT**（けぷと）という手法を使って、現状を把握します。この手法は、良いところと問題点とトライ（挑戦すべき）を取り上げるものです。K；Keep は良い点で、P；Problem はできていない問題点です。そして、T；Try では K と P を比較することで何に挑戦すべきかを考えていきます。これにより、現状を事実ベースで確実につかみます。

続いて、[3] 目標設定。ここでは、「何を」「どれだけ」「いつまでに」の3つを明確に示します。できる限り定量化することも大切です。

次に、[4] 要因解析に進みます。ここでは、真の原因（真因）をつかむために、[2] 現状の把握で取り上げた問題点をさらに深く調査します。「特性要因図」を使い、4M＋1E（人、道具、材料、方法、環境）の各視点で考えられる要因を抽出していきます。その後、それらが正しい要因か否かを検証します。そのために、例えば現地/現物で調査することもあります。

続いて、[5] 方策立案。問題の原因（要因）を発生させないために、

方策とその実行計画（アクションプラン）を立てます。対策案の検討を行い、それについて実行計画を組み立てるのです。この実行計画では、5W2H（誰が、何を、いつ、どこで、なぜ、どのように、費用は）を決めます。ここまでがP（計画）となります。P（計画）がいかに重要であるかが分かってもらえると思います。

　次に、［6］方策実行に進みます。ここからD（実行）の段階となります。実行計画に基づき、方策を確実に実行していきます。

　続いて、［7］効果確認。目標に対してどれくらい効果が上がったのかを把握します。効果が上がっていない場合は、もう一度［4］要因解析に戻って再度計画を立て直す必要があります。効果が上がり、目標を達成したら次に進みます。

　こうして進むのが、［8］標準化と管理の定着。方策を実施して得られた効果が、元の状態に戻ってしまわないようにします。具体的には、誰がやっても同じ効果が得られるように「標準化」を進めます。

　そして最後に、［9］反省と今後の対応に進みます。ここで、活動の結果とプロセスを反省し、今後の計画を立案するのです。

$\vdots$

1

2

3

4

5

6

7

第
8
章

··

【自工程完結】
ホワイトカラーの仕事の品質向上をもたらす「自工程完結」とは何か

トヨタグループでは、品質関連の講座を学ぶ際に最初に押さえるものがあるという。それは一体何だろうか。

（聞き手は近岡 裕＝日経クロステック編集）

―― トヨタグループで品質のつくり込みと自工程完結を学ぶ理由は何でしょうか。

皆川 製造業では、開発設計から生産、そして製品を市場投入するまでの工程があります。こうしたものづくりの一連の工程において高品質を維持するために知っておかなければならない「品質力」を身に付けるために、品質のつくり込みと自工程完結を学ぶのです。実はトヨタグループでは社員研修においてこれらのテーマを真っ先に学びます。

私はいつも2つの質問から始めます。

［1］品質とは何か？

［2］管理とは何か？

理由は、これらは品質をつくり込む、すなわち品質力を高める上で最も大切な内容だからです。極論すれば、これらを理解すれば、高い品質を守るために自分が何をすべきか、何を考えるべきかが分かるようになります。

そして自工程完結は、［1］と［2］（の回答）を満たすために、個々の

技術者や社員が仕事において具体的にどうしたらよいかを示すものです。

── 品質とは何か、ですか？ 製造業はもちろん、日本企業で働く社員であれば誰でも知っていることではないでしょうか。私なら「不良品を出さないこと」と答えます。

皆川 それが意外と答えられないのです。技術者も例外ではありません。これまでに私が技術者に対して質問して得た回答は、「公差を守ること」「ものの出来の良さ」「材料のばらつきの少なさ」「不良品を出さないこと」といったものです。あなたの回答もそうですね。確かにこれらも品質の一部でしょう。しかし、どれも「もの（製品）」しか見ていません。正解は「お客様の満足を得ること」です。「何のために品質をつくり込むのか？」という視点で考えれば、おのずと正解にたどり着けると思います。

── 私も人のことは言えませんが、なぜ技術者であっても回答がばらつくのでしょうか。

皆川 皆さんがそれぞれ仕事において直接経験したことの中から答えるためでしょう。

── 品質の定義がはっきりしていないということでしょうか。

皆川 そういえると思います。正しくは、品質の定義をしっかりしている企業と、そうではない企業があるということになるでしょうか。

先ほど品質をつくり込む際に「何のためか？」という視点が大切と述べましたが、もっと言えば、品質を定義する際に「お客様は誰か」を考えてほしいと思います。製品を購入してくれるエンドユーザーがお客様であるのは当然ですが、それだけではありません。自分の仕事が影響を

与える人は全てお客様と考えるのです。

例えば、設計者にとっては、製造部門の社員もサービス部門の社員もお客様になり得ます。設計者が出図したら、その図面の影響を彼らが受けるからです。図面を受け取った人の立場になってみれば納得がいくはず。読みやすい図面になっているか否か、メンテナンスしやすい図面になっているか否かで図面の品質の良しあしを容易に判断できることでしょう。

それでも、直接ものづくりに携わっている技術者や社員はましな方です。総務部門や人事部門、システム部門など機能部門と呼ばれるところは、お客様がどなたかなどあまり考えずに仕事を進めてしまうケースが目立ちます。皆さんの会社でも、「このたび社内システムを構築しました。○月○日から設計者は全員これを使ってください」といった通達がありませんか。システム部門にとってシステムを使う設計者はお客様であるべきなのに、一方的に押し付けて終わりというのではお客様志向とはとても呼べません。こうなるのは結局、自分に火の粉が降りかかってこないからでしょう。自分の責任を問われることなくやり過ごせるので、品質とは何かを考えずに済むというわけです。

トヨタグループが研修において真っ先に品質の定義を取り上げるのは、ここを間違うと誤った品質を求めてしまうからです。ひどい例としてよくあるのが、「お客様が上司」であるかのような姿勢や行動です。

―― 管理とは何かという質問についても常識だという気がします。私なら「決定事項を守るように注意すること」と答えます。

皆川　管理についても意外に分かっていない人が多いのです。よくあるの

は、今あなたが回答したように「決められたことを守ること」や「寸法を公差内に収めること」といった手段に関する回答です。前者は曖昧すぎてどうしたらよいか分かりません。後者は一部に限定されてしまい、応用が利きません。こうした回答になるのは、今こなしている仕事で手一杯で、何のためにその仕事をしているかを考える余裕も機会もないからでしょう。

　ここで正解を紹介すると、管理とは「目標を設定し、現状を把握して、その現状を目標に近づけること」です。目標がないのに管理はできません。それなのに、「今あなたが手掛けている仕事の目標は何ですか？」と尋ねても、すぐに答えられなかったり、「特にありません」と回答したりする人が多いというのが、現在の日本企業の実態です。

　これで、[1]の品質とは何かという回答と、[2]の管理とは何かという回答が得られました。これらを合わせることで、「品質管理とは何か？」について明確な定義が得られるのです。

—— 最近起きた品質トラブルの事例で、皆川先生が気になったものを教えてください。

皆川　会社ではなく国の事例なのですが、とても驚いたのが新国立競技場のニュースです。ご存じの通り、新国立競技場は東京オリンピックのメインスタジアムとして使われる予定だったのですが、なんと聖火台を設置する場所がないと報じられました。この報道を知って、果たして国は品質管理を行っているのだろうかと疑問に感じました。

　きちんとした会社なら、設計する際に、例えばFMEA（Failure Mode and Effects Analysis；故障モード影響解析）〔トヨタグループで

あれば DRBFM（Design Review Based on Failure Mode）〕を実施してトラブルの発生を未然に防ごうとします。FMEA を活用し、どのような機能が必要かをきちんと押さえて、欠損した場合の不具合の影響を考慮する。その上で、不具合の発生を防ぐための設計となっているかどうかを審査〔デザインレビュー（DR）〕します。

　こうした仕組みが出来ていれば、聖火台がないなどということは設計段階においてすぐに分かるはずなのです。それなのに、こうした初歩的なミスを含む設計が通ってしまうなんて、この競技場の設計に関する品質管理の仕組みは一体どうなっているのだろうかと大変疑問に思ったのです。

　このトラブルは、単に聖火台の設置スペースを忘れていたという個別の不具合の問題では済まされません。より重大な問題は、こうした不具合を未然に防ぐための「仕組み」がきちんと用意されていない可能性があることなのです。聖火台の設置スペースは東京オリンピックの開催日までには用意されることでしょう。しかし、設計ミスを防ぐ仕組みがきちんと整っていないとしたら、他の不具合が今後発生する可能性を否定することはできません。

　こうした報道のたびに思うのですが、記者ももっと勉強すべきです。何かトラブルが発生したときに、そのトラブルの直接的な原因ばかり質問し、その根本的な原因にまで突っ込んで聞く記者が少ないからです。直接原因を知って終わらせるのではなく、その直接原因がなぜ生じたかについても突っ込んで聞き、その後は他のトラブルの発生も未然に防ぐ仕組みを構築したかどうかについても追究すべきです。

—— もう１つの自工程完結とはどのようなものなのですか。

皆川 自工程完結とは、自分が担当する項目について「これでよし」といえるようにする活動のことです。仕事の良しあしをその場で判断できることを目指します。

自工程完結とは、もともとトヨタ生産方式（TPS）から来ています。TPSには「ジャスト・イン・タイム」と「自働化」という２本柱があることは有名です。このうち、自工程完結は自働化の概念が発達したものです。自働化は、異常があったら生産を止めて不良品を出さないようにします。つまり、高品質を追求するための考えです。ただし、これは生産現場に限られていました。そこでトヨタ自動車は技術者や間接部門にいる、いわゆるホワイトカラー社員向けにこの自働化を発展させて自工程完結を編み出したのです。要は、次の通りです。

自働化：工場における製品を対象とした品質の追求

自工程完結：あらゆる仕事を対象とした自働化、すなわち全ての仕事に関する品質の追求

自工程完結は生産の仕事に限らずあらゆる仕事に活用できるもので、その仕事の品質を高めることができます。実践する際には「気付きシート」を使います。これは、いわゆる仕事に関するチェックシートです。気付きシートの中には、［1］仕事の目的・目標、［2］仕事のプロセス、［3］良品条件、［4］良品判断基準という区分があります。このうち、最も重要なのは「良品判定基準」です。これがなければ、自分が担当して

いる仕事のアウトプットが満足いくものか否かを判断できず、「これで
よし」と自信を持って言うことができません。

—— トヨタグループでは、技術者を含むホワイトカラー社員が仕事の品質
を高めるための有効なツールとして自工程完結を使いこなしているのです
か?

皆川 その通りです。皆さんも上司などから「品質を良くしろ」といつも言
われていると思います。でも、具体的に何をしたら仕事の品質が高まる
のか分からなくて悩んでいるのではありませんか? 気付きシートを使
えば、何をしたらよいかがはっきりと分かります。自分でよく考えるこ
ともできるし、実践することもできるのです。この気付きシートが、ト
ヨタグループ内にいるホワイトカラー社員の仕事の品質と生産効率を飛
躍的に高めたのです。

● ●

【なぜなぜ分析】
なぜ？ を繰り返しても不具合は減らない「なぜなぜ分析」の本質

多くの企業がトラブルを未然に防ぎたいと望みながら、不具合の表面的な原因（直接原因）を見つけるだけにとどまってしまう。その理由を皆川氏に聞いた。

（聞き手は近岡 裕＝日経クロステック編集）

—— まず、なぜなぜ分析とは何でしょうか。

皆川 **なぜなぜ分析**とは、問題の根本にある「真因」の追究と対策を行うことです。真因とは、トヨタグループの用語で、不具合やトラブルの真の原因のことです。

今、多くの日本企業が国内外の拠点で不具合やトラブルの対策に追われています。しかも、その頻度は増える傾向にあります。発生した不具合やトラブルの中身を詳しく調べてみたことがありますか。自分が在籍する拠点だけではなく、別の拠点も見てください。例えば、A工場で起きた不具合やトラブルが、B工場やC工場といった別の工場でも発生していませんか。

実は、不具合やトラブルが発生するたびに対策を施しているのに、同じような種類の不具合やトラブルを繰り返している日本企業は珍しくありません。その理由は、ズバリ、真因を突き止めて改善していないから。ほとんどの企業が、真因に至る前の直接的な原因「直接原因」の対

策にとどまっています。それ故に、不具合やトラブルが繰り返し起きてしまうのです。

真因とは何か？

―― 真因と直接原因、ですね。その違いはどこにあるのでしょうか。

皆川 真因とは、「仕組みの原因」です。つまり不具合やトラブルの大元にある、管理の不足など仕組みの不備のこと。仕組みを変えて、仕事のやり方を変更しなければ、不具合やトラブルを根本から解決することはできないのです。

例えば、新製品を発売したところ、市場不具合が発覚したとします。慌てて製品を回収して不具合の原因（直接原因）を調べると、ある部品Xに間違って不良品が納品されていたことが分かった。だから、部品Xを全て良品と取り替えた――。これでは対症療法に過ぎず、この不具合を完治させることはできません。異なる部品Yで同じようなミスがあって、再び市場不具合を起こす危険性があります。この不具合の真因は、「量産の可否の審査がなかったこと」にあります。

このように、仕組みを変えて仕事のやり方まで改善しなければ、不具合やトラブルの原因対策にはならないのです。そのためには、直接原因を起こした人やチーム、組織などの行動や仕組みまできちんと調べる必要があります。

スペースシャトルの爆発事故の真因は？

―― 分かりやすい事例で教えてもらえませんか。

皆川 例えば、1986年に起きた米国のスペースシャトル「チャレンジャー号」の爆発事故。発射直後に爆発して空中分解し、7人の乗組員の命が奪われた痛ましい事故でした。事故分析の結果、原因は燃料タンクに使っていたOリングが低温で硬くなり、そこから燃料が漏れたことだと分かりました。しかし、これは直接原因にすぎません。

　実は、このOリングを造ったメーカーは、低温で硬くなるという課題があることを米航空宇宙局（NASA）側に伝えていました。ところが、NASAは予算の関係があり、Oリングメーカーからの報告を無視してチャレンジャー号の打ち上げを行ったのです。

　ここまで言えば、分かるでしょう。確かに、爆発の引き金を引いたのはOリングかもしれませんが、本当の原因は「NASAに意見具申を受け入れる仕組みがなかったことである」と。これこそが真因であり、どんなに軽微なことであっても取引先を含めた関係者からの意見に耳を傾ける仕組みや制度を作ることが、本当に大切な解決策であり改善策となるのです。Oリングの材料を変えて低温への耐性を高めたところで、別の部品に課題があれば同じ悲劇を繰り返してしまうリスクが残ります。

　つまり、不具合やトラブルを根本的に解決するには、仕組みの改善に落とし込まなければならない。なぜなぜ分析は、根本からの品質改善のために必要な手法なのです。

「なぜ」を5回繰り返せばいい？

―― 根本からの品質改善のために、なぜなぜ分析を採用している日本企業はトヨタグループ以外にもあるのでしょうか。

皆川 トヨタグループ以外の企業でも使っているところはあります。しかし残念ながら、ほとんどが直接原因の対症療法で終わってしまっているというのが実態です。「なぜなぜ分析とは、なぜ？ を5回繰り返すことだ」という誤解が広まっていることが、その理由の1つでしょう。

―― え、誤解なのですか？ 実は私もこれまで、なぜなぜ分析とは、なぜ？ を繰り返すことで、大元の原因を追究することだと思っていました。なぜ？ を少なくとも5回くらい繰り返せば、真因にたどり着けると理解していたのです。ある原因Aを生んだ原因Bを突き止め、さらに原因Bを発生させた原因Cを見つけ出す……といった具合に。

皆川 ああ、あなたも誤解している1人なのですね。ある製品で錆（さび）が発生する不具合が起きたとします。そこで、**QC7つ道具**の1つである「系統図法」を使い、原因を展開していきます。

「ボルトが折れた」→「ボルト径が小さかった」→「図面の読み取りを間違えた」→ … →「メンテナンス不良だった」→ … →「ボルトの材料が不均一だった」→ …

といった具合です。ところが、なぜなぜを繰り返してこうした展開を続けても、どこまでいっても直接原因でしかありません。よくあるのが、こうした展開を5回ほど繰り返していき、直接原因を真因だと思い込むことです（注：誤解しないでほしいのですが、系統図を展開して直接原因を考えていくことも必要です）。

そうではなく、真因は「錆が発生した製品を市場に出してしまったのは、なぜか？」というところに隠れています。製品に錆があることを市場に出す前に社内で発見できる仕組みがなかったことがこの不具合の真

因なのです。

　何度も言いますが、真因とは仕組みの原因です。なぜなぜ分析は、仕組みに落とし込んでそれを改善し、不具合やトラブルを未然防止するための活動なのです。再発防止ではなく、未然防止につなげることが目的です。決して、なぜ？　なぜ？　と念仏のように繰り返すことではありません。

出図可否審査会がなかった

—— この錆発生の不具合でいえば、真因は何ですか。

皆川　系統図を展開して直接原因を特定した上で、真因を考えていきます。例えば、「図面の読み取りを間違えた」というものが直接原因だとしたら、それを発生させてしまった仕組みを考えます。すると、例えば「出図可否審査会がなかった」という真因にたどり着くことができるのです。

　しかしここで、なぜ出図可否審査会がなかったのかについては、「発生」と「流出」の両面で考えなければなりません。つまり、

発生面：なぜ、出図可否審査会を設けなかったのか
流出面：なぜ、出図可否審査会がないことを許したのか

ということです。品質をつくり込むためには、不具合を発生させないことと、流出させないことの両方で網を掛ける必要があるからです。

　しつこいようですが、直接原因だけでは、特定の不具合については十分に対策できたとしても、他の不具合が起こる可能性があります。従っ

て、仕組みに落とし込み、未然防止を行わないと根本対策にはなりません。

　そうそう、「未然防止」は日本が誇る、日本オリジナルの考え方です。それが証拠に、世界の製造業で「Mizenboshi」で通用します。「Kaizen」と同じで、今や世界の共通言語となっているのです。しかし、「未然防止には、なぜなぜ分析が必要である」という認識は、まだ海外企業にはありません。それはそうでしょう。日本でも本当のなぜなぜ分析を知っている企業は少ないのですから。

【品質機能展開（QFD）】
トヨタの製品開発力の源泉「品質機能展開」に迫る

品質機能展開は、トヨタグループにおいて製品開発の際に必要不可欠の
ツール。使わなければ、製品開発の企画は通らない。トヨタグループは品
質機能展開をどのように使いこなすのか。

（聞き手は近岡 裕＝日経クロステック編集）

—— 品質機能展開については聞き慣れない人もいると思います。品質機能
展開とは何でしょうか。

皆川 お客様の視点に立ってください。お客様は何を買うのでしょうか。お
客様は物を買いません。「機能」を買うのです。この機能を間違えると、
いくら一生懸命に造っても製品は売れません。

　極端な例を出しましょう。辞書の機能は何でしょうか。多くの人は
「言葉を調べること」だと答えると思います。それなら「電子辞書」でも
構いませんよね？ しかし、それでは満足しない人がいます。というの
は、「本棚に飾ること」という機能を求める人がいるからです。知的な
ステータスを示すために、重厚で高級感や知的な感じのする外装をま
とった紙の辞書を必要とするお客様もいるのです。冗談のような話です
が、ここで言いたいことは、機能を間違えて開発設計してしまうと全く
売れない製品となってしまう、ということです。

　品質機能展開は、製品開発の際に、どのような機能が必要で、その機

能を発揮するためにどのような特性が必要かについて決めるためのツールです。機能（要求品質展開表）を横（行）に、特性（品質特性展開表）を縦（列）に配置したマトリクス（品質表）を作成し、どこを重点的に開発すべきかを決定するために使います。

　もっとシンプルに言えばこうです。開発設計者が次の製品を開発する際に、頭に漠然と製品のイメージを思い描いているだけでは、具体的な設計に移行することができません。頭の中で考えている「次の製品はこんな感じがいいなあ」というイメージを、具体的にどのような機能にし、そしてその機能を満足する特性をどのようにするかを「見える化」する。そのために使うのが品質機能展開です。

―― 機能や特性を具体的に見える化するツールということは、開発設計者にとっては必須の手法ですね。十分普及しているのではないですか？

皆川 何となく使っている企業が3割程度で、きちんとできていると言える企業は1割程度、といったところではないでしょうか。

―― 品質機能展開を実践している企業がなぜ、それほど少ないのでしょうか。

皆川 理由の1つは、使い方が分からないからだと思います。品質機能展開という言葉は知っているけれど、実践できていない企業がほとんどです。品質機能展開に関する本はたくさんあります。しかし、文章を読んだだけで実践することはなかなか難しい面がある。実際、私の講義で演習を経験して「初めて品質機能展開のやり方を理解できた」という人は結構います。

　もう1つの理由は、品質機能展開を使わなくても、とりあえず製品を

造ることができるからです。それでよいとなれば、品質機能展開を実践することが面倒くさく感じるのかもしれません。

—— 品質機能展開を使わなくても製品が出来るなら、わざわざ使用しなくてもよいと考える技術者がいても不思議ではありませんよね。品質機能展開を使わないと、どのようなデメリットがあるのでしょうか。

皆川 品質機能展開を使わないと、本当に必要な機能に抜けが生じてしまいます。例えば、車載システムである燃料ポンプでいえば、漠然と「燃料を送ることができればよいだろう」と思って設計すると、脈動（圧力変化）の大きな燃料ポンプが出来てしまう。これでは、騒音も振動も大きく商品として成立しない。

さすがに基本機能については落とすことは少ないのですが、同じく大切な他の機能が抜ける場合が結構あるのです。ところが、お客様からすると基本機能は「当たり前の機能」であり、他の機能に価値を求める人は意外に多い。結果、製品が売れなくなってしまうというわけです。

もう少し詳しく説明しましょう。一言で機能と言っても、5つの種類があります。[1]基本機能、[2]付加機能、[3]本体機能、[4]弊害防止機能、[5]自己防御機能——です。品質機能展開を学ばないと、機能にこうした種類があることが分からないし、考える術がない。すると、製品を成立させる上で必要な機能の抜けが多くなる。[1]の基本機能は維持できても、[2]の付加機能以下が抜けてしまう可能性が高まるのです。

燃料を供給することはできる。しかし、体積が大きすぎて車体側に取り付けられない燃料ポンプや、強度が足りずに工場で搬送中に壊れてし

まう燃料ポンプを想像してみてください。そんなばかなと思うかもしれませんが、こうしたことは結構あるのです。

—— トヨタグループでは品質機能展開をどのように捉えているのでしょうか。

皆川 製品開発における必須のツールです。例えば、デンソーでは完成度評価（やるべきことをきちんとやっているかどうか）を確かめる審議会があり、品質機能展開を行っていなければその審議会を通りません。

　これは、プロセスを大切にするからです。先ほど「品質機能展開を使わなくても製品を造ることはできる」と言いました。でも、それでは「結果オーライ」。デンソーではそうではなく、「きちんとしたプロセスを経ているから、良い結果が生まれる」と考えます。プロセスがあって、初めて結果が付いてくるのです。

　品質機能展開を使えば、なぜその機能の特性値に着目したか、なぜそれを重要特性として選んだかをロジカルに説明できる。完成度評価の審議会にも自信を持って臨めるのです。デンソー時代はこれが当たり前でした。しかし、その後、デンソーから外に出て品質機能展開を使っている企業が少ないことを知りました。その時の正直な感想を言わせてもらえば、「よく使わずに済ませているな。なぜ、それを許しているのだろう？」というものです。

　トヨタグループが品質機能展開を使うときのポイントは、機能として何があるかを抜け落とさずに見つけ出すことです。品質機能展開は機能をベースに特性を考えるため、機能が抜けてしまうと特性も出せず、製品開発が進まなくなってしまうからです。従って、1人で機能を見つけ

出すことはしません。例えば、デンソーでは5者、すなわち設計、製造、生産技術、品質保証、検査の各部門からメンバーが参加して品質機能展開を実施します。

―― トヨタグループでは、品質機能展開をどの段階で使うのでしょうか。

皆川 トヨタグループにおける新製品開発の手順はこうです。まず、「対象商品企画」があります。ここで、どのような製品を開発するかについて、その方向性を決めます。そのためにアイデア出しから入り、新製品のアイデア書をまとめます。

次に、「市場調査」に進みます。ここでは市場動向を調べ、納入動向や他社動向も調べます。そして、これらをベースに「商品企画」を行います。ここでコンセプトを固めます。

続いて「製品企画」に移行し、具体的にどのような機能と特性の製品にしていくかを決めます。ここで活用するのが、品質機能展開です。先述の通り、品質機能展開は製品企画を提示した際の「根拠」として不可欠のものです。例えば、静かな燃料ポンプを開発するという企画であれば、脈動の幅を具体的に「○ kPaに抑える」と決めたときの数値の根拠や、なぜ脈動幅を重視したかという根拠が必要です。品質機能展開を使わないと、技術者が選んだ機能や特性に対して、経営陣などにそれらを選んだ説得力を持った根拠を示すことができません。そうなれば当然、製品企画は通りません。

トヨタグループが品質機能展開を重視するのは、開発の方向や重視する特性の優先順位を、思い付きではなく論理的に決めて製品開発を進めるためです。いわゆる「当たるも八卦、当たらぬも八卦」では、ヒット

することもあるかもしれませんが、外す場合の方が多い。実際、機能も特性も抜けだらけになることでしょう。

―― 品質機能展開の進め方を教えてください。

皆川 まず、機能に関する表「要求品質展開表」を作成します。開発する製品においてどのような機能が必要かを洗い出します。この際に、[1] 基本機能、[2] 付加機能、[3] 本体機能、[4] 弊害防止機能、[5] 自己防御機能の5種類の機能について考え出します。チームを組み、「親和図法」を使い、付箋紙を利用して機能のアイデアを出していきます。

続いて、似たアイデアを集めて5種類の各機能について上位下位の位置付けを決めます。例えば、ペンであれば「書く」という機能が上位機能で、「なめらかに書く」という機能が下位機能となります。こうして上位機能を決めたら、抜けがないように下位機能を考え出していきます。下位機能として考えるのは3段階、すなわち1次下位機能、2次下位機能、3次下位機能です。大体、3次下位機能まで考えれば十分です。

次に、3次下位機能に対して「重要度」を決定します。5点満点で点数を付けていく。自社で重点的に開発したいものについて高い点数を付けます。

続いて、特性に関する表である「品質特性展開表」を作ります。3次下位機能に着目し、それを表現するための特性を、同じく親和図法を使って洗い出していきます。例えば、「見やすい」という3次下位機能があるとすれば、「濃度」や「色調」、「太さ細さのメリハリ」といったものが特性として考えられます。こうした特性についても3段階、すなわち1次特性、2次特性、3次特性まで考え出していきます。ここでは、固有

技術の水準によって考え出される特性の範囲が変わってきます。やはり、いろいろな立場の人が入った方がその幅の広がりが出ます。

　こうして要求品質展開表と品質特性展開表を用意できたら「品質表」を作成します。要求品質展開を横（行）に、品質特性展開表を縦（列）にマトリクス状にした表です。品質表が出来たら、それぞれの機能と特性について関係の強さ「対応度」を1〜3点で点数化していきます。

　続いて、先に点数付けした（品質特性展開表の3次下位機能の）重要度とこの対応度のそれぞれを掛け合わせて（重要度×対応度）点数付けします。そして、それぞれの点数を足し合わせて「品質特性重要度」を計算します。

　こうして、品質特性重要度が高い「特性（列）」を次の製品の「重点開発特性値」とするのです。例えば、世界一を狙っているのであれば、その特性が世界一となるように目標値を設定します。目標値を決めるときには、競合他社の状況と自社の現状の両方を調べておかなければなりません。これらも点数付けしておき、比較して目標値を設定する。そして、この目標値に基づいて具体的に設計を行っていくのです。

―― こうして品質表を作成できれば、無事に設計に移れるわけですね。

皆川　いいえ。実は、品質表を作成してから設計に移行する前にもう1つのステップがあります。それは「機構展開」です。重点開発特性値を決めた後、それを実現し得る製品の構造をさまざまに考え出すのです。そして、考え出した各構造で、本当に重点開発特性値を満たせるか否かの評価を行います。こうして機構を決めて、ようやく設計に入れるのです。

　この機構展開は新製品開発だけではなく、コスト削減の際にも使える

便利なものです。より低コストな他の構造はないかどうかを探せるから
です。

　品質機能展開をきちんと行い、機構展開まで取り組む。ここまでしっ
かりやれば、お客様のニーズを漏らさないため「売れる」確率の高い製
品開発ができるはずです。

【統計的品質管理（SQC）】
トヨタは SQC で「ばらつき」を制する

データを見える化する統計的品質管理（SQC）という品質管理手法（以下、品質手法）がある。「SQC を使わずに、どのようにして量産品の品質を保証するのか？」と皆川氏は警鐘を鳴らす。トヨタグループにとって、SQC とは何なのかを聞いた。

（聞き手は近岡 裕＝日経クロステック編集）

—— SQC と聞いて難しそうだと敬遠する人もいるかもしれません。そこで、まずは基本的な質問から。SQC とは何ですか。

皆川 SQC は Statistical Quality Control、統計的品質管理と訳されます。品質管理の方法の中で、統計的手法を使うもののことです。一般的な回答なら、これで100点。しかし、この回答ではトヨタグループにとっては狭義の意味でしかありません。

トヨタグループでは、もっと広い範囲で SQC を使っています。事実、技術系か事務系かを問わず、多くの社員が問題解決に有効なツールとして SQC を活用しています。誤りの少ない判断をするために、事実に基づくデータを加工・解析するツールとして SQC を活用しているのです。

トヨタグループにとっての SQC を一言で言うなら、「見える化」する手法です。データを見える化し、「現地・現物・現象」に基づいて皆で議論して問題や課題に気付くために利用するのです。データには数値デー

タと言語データ（思考）があります。これを SQC によって見える化するのです。

　実は今、製造業以外のある業界で SQC が盛んに活用されています。それは医療業界です。製造業に従事している人にとっては意外かもしれませんが、理由を聞けば納得がいくはずです。なぜなら、医療業界には「ばらつき」がつきものだからです。例えば、「熱がある」という判断。何℃から熱があり、何℃以下なら平熱といえるでしょうか。熱があるかないかは人によってばらつきがあるため、統計的に判断するしかありません。「病気か否か」や「認知症か否か」も同じ。全て、ばらつきがある中から判断する必要がある。そこで、医療業界では、病気や健康の診断の結果を全て SQC で判別しているのです。最近はビッグデータの利用が盛んです。その解析も SQC で行います。ビッグデータ時代に SQC は必須です。

―― 見える化するとはどういうことでしょうか。

皆川 数値データを並べても「数字の羅列」です。これでは何を意味しているのか分かりません。例えば、製品の外径寸法を計測しても、その数値を Excel 表などにまとめただけでは、どのような状況かを理解できない。そこで、例えばこれを「ヒストグラム」にして見える化すれば、外径寸法のばらつきの分布状況を一目で分かるようにすることができます。

　一方、言語データでは「箇条書きの羅列」となります。例えば、ある製品のお客様ニーズをアンケートで聞き出しても、言いたい放題で発散した言葉の集合体にしか感じられません。そこで、これを「親和図法」を使って見える化すると、狙うべきニーズ、例えば「操作のしやすさ」

というニーズが見えてくるのです。

すなわち、SQC がもたらすメリットは一目でデータを判断できるということです。これにより、問題のポイント（要所）や問題点の把握が可能になる。すると、社員全員でデータが表す「意味の共有化」ができ、他の社員の意見や有識者の声を理解しやすくなる。結果、考えをまとめやすくなり、問題や課題に対する判断が容易になるのです。

—— トヨタグループでは SQC をどのような場面で活用しているのでしょうか。

皆川　1つは、量産化工程（企画から量産までの一連の工程）での活用です。製品企画から構想設計、詳細設計、試作、評価、製造準備、量産試作、評価、量産。すなわち、ものづくりの全ての工程で使います。

もう1つは、日常問題（日々の仕事）における活用です。具体的には、問題の明確化や現状把握、目標設定、要因解析、対策立案、対策実施、効果確認、標準化と管理の定着、反省と今後の対応。これらの各場面でSQC を利用するのです。

つまり、あらゆる仕事で日常的に使うのが当たり前。それが、トヨタグループにおける SQC の位置付けです。

SQC の主な手法には次のものがあります。「検定・推定」「相関・回帰」「多変量解析」「実験計画法」「応答曲面法」「品質工学」「信頼性手法」です。ここで、トヨタグループのもう1つの特徴は、QC7つ道具と新 QC7つ道具を SQC の中に含めていることです。これらは SQC の中に入れないのが一般的です。

とにかく、QC7つ道具と新 QC7つ道具を含めて、少なくともトヨタ

グループの開発設計者なら全て使いこなしています。「使いこなさなければ、お客様が満足する品質の製品を造れない」というのが、トヨタグループの開発設計者の共通認識だと思います。

―― トヨタグループでは開発設計者としての必須ツールというわけですね。ということは、SQCは日本の製造業で広く使われているのでしょうか。

皆川 いいえ。私の認識では、SQCを使いこなしている日本企業は極めて少ないと思います。もちろん、グラフくらいはどこでも使っていることでしょう。グラフはQC7つ道具のうちの1つですから。そう考えると、SQCのごく一部は使っている。しかし、SQC手法のうちのせいぜい5%程度ぐらいではないでしょうか。

―― なぜ、そうした状況になっているのでしょうか。

皆川 SQCを使わなくても、とりあえず製品は出来てしまうからでしょう。

―― SQCを使わなくても製品を造れるのであれば、わざわざ学ぶ必要はないと考える人がいても不思議ではありません。SQCを使わないままでいると、どうなるのですか。

皆川 SQCを使わなくても、一応、形にすることはできる。ところが、品質については危うい状態です。品質は嘘をつきません。品質は正直なので、製品が市場に出てから品質の足りないところが不具合となって表れる危険性があります。逆に、SQCを使えばこうした不具合を未然に防ぐことができます。

　もう少し、具体的に説明しましょう。SQCを使わなければ、データはばらついたままです。データには、平均値とばらつきが含まれます。例えば、弓道を考えましょう。的に対して矢はばらつきます。例えば、全

体に中心から上方にばらついたとする。ここで、一般の会社は狙いを変えます。ばらついた円の大きさはそのまま、すなわち、ばらつきがあることは放置したまま、狙いを下に定めます。

しかし、ばらつきを放置したまま狙いを変えるだけでは、ピンポイントで狙わないと的（合格の範囲）から外れてしまいます。それでも、通常はばらつきを小さくすることをしない。例えば、検査ではねるといった方法を採る。これでは不良品や造り直しが増えてしまいます。

トヨタグループではこうした方法は採りません。まず、SQCを使ってばらつきを小さくします。そのために、立ち方や弓の強さ、矢の形状などを最適化します。こうすると、狙いが多少外れても的（合格の範囲）に当たる確率が高まるのです。これがトヨタ流です。

狙いを変えてからばらつきを小さくする方法も考えられます。しかし、実は、後からばらつきを小さくする方が難しい。精度を高めてから、真ん中（平均値）を狙う方が中心に当たりやすいのです。この方が結果的に早く到達する。ゴルフや野球の投球でもそうではありませんか？

この理由は、ばらつきが大きいと真ん中（中心値）がどこかが分からないからです。そのため、トヨタグループでは、まずはばらつきを小さくして中心値を明確にしてから、狙いを定める方法を採るのです。

——SQCを使うことで、トヨタグループは良品率を高めているわけですね。他にもSQCを使わないと問題になる点はありますか。

> 皆川　試作品のデータから量産の可否を評価するしかないケースでSQCを使わないと、とんでもないことになる危険性があります。

　例えば、600N という強度規格を満たさなければならない製品がある
とします。ここで、試作品を 5 個製作し、強度試験を実施して 605N、
610N、612N、620N、623N というデータが得られた。さて、問題です。
あなたはこの製品の量産化に「GO」サインを出しますか？

―― そんなの簡単ですよ。全て 600N を上回っています。あえて言えば、
605N については余裕度が多少心配なところがあります。安全係数をもう
一度見直しますが、基本的に量産化を進めたいと思います。

皆川　残念ですが、あなたの会社や部署はリコールや市場クレームによっ
て、巨額な損失に苦しむ危険性があります。「推定」という手法を使う
とその理由が分かります。推定という手法で試作品の強度試験データか
ら量産時の強度分布を推定すると、不具合の割合が分かります。ここで
は詳細は省きますが、その割合は「26%」。つまり、4 個に 1 つは量産化
したときに不具合になると分かるのです。

　もっと危険なケースも考えられます。同じく、あなたは量産移行会議
（品質保証会議の 1 つ）の決裁者だとします。試作品を 100 個製作して
強度試験を実施しました。その結果、全ての試作品で強度の規格値をク
リア。つまり、この強度試験において不良品はゼロでした。目標は、量
産での不良率が 0.5% 以下。さて、このケースであなたは量産化に
「GO」サインを出しますか？

―― 話の流れを読めば、「NO」でしょうね。でも、100 個もの試作品が全
て合格というのなら、量産化を止めようにも、開発メンバーにその理由を
説明できません。

皆川　「○か×か」、すなわちマルバツ試験は危険です。結論から言うと、不

良率が0.5%を超える可能性が60%もあります。「信頼性手法」を使って計算すると、不良率の真の値（量産時の不良率）がPであるときに、n個製作して1つも不良が発生しない確率は、P＝0.606となります。つまり、量産時には60%が不良になるというわけです。

　詳細は省きますが、0.5%の不良率を保証するのであれば、少なくとも598個の試作品を試験する必要があるのです。マルバツの評価や、「1か0（ゼロ）か」の評価を採用してはいけません。兆候を表すデータ、すなわち分布の出るデータを使って判断しないと危険なのです。それなのに100個どころか、わずか5個程度の試作品で量産化の可否を決めるところもあるのですから、信じられません。トヨタグループはこの危険性を知っています。だからこそ、SQCが必須なのです。

　先ほど、SQCを使っていない企業があるのはなぜかと聞かれて、「使わなくてもとりあえず製品が造れるから」と答えました。しかし、SQCを使っていない企業は、実はこうしたリスクがあることを知らないから、という理由もあるのではないでしょうか。逆に言えば、SQCの威力を知らないということが言えると思います。

　トヨタグループでは特に、図面を量産向けに出図してよいかどうかを判断する会議「量産準備移行可否判定会議（1次品質保証会議）」において、SQC手法を使っていることは前提です。使っていなければ、間違いなく「そんな危なっかしい品質のものを市場に出せるのか？」と突っ込まれます。すなわち、SQC手法なしで量産化はあり得ません。

● ●

【QC7つ道具（Q7）・新QC7つ道具（N7）】
トラブル発生、トヨタはどう対応する？
「QC7つ道具」と「新QC7つ道具」が大切な理由

品質データ整理の基本に**QC7つ道具**と**新QC7つ道具**がある。技術者として必須の手法のはずが、意外にも「使われていないことが多い」と皆川氏は指摘する。これに対し、トヨタグループでは技術者にかかわらず頻繁に使われるという。その理由は何か。

（聞き手は近岡 裕＝日経クロステック編集）

—— QC7つ道具と新QC7つ道具をなぜ学ぶ必要があるかを教えてください。

皆川 まず、初心者にも分かるように説明すると、QC7つ道具とは［1］パレート図、［2］特性要因図、［3］グラフ、［4］チェックリスト、［5］ヒストグラム、［6］散布図、［7］管理図——のことです。一方、新QC7つ道具とは［1］親和図法、［2］連関図法、［3］系統図法、［4］マトリクス図法、［5］マトリクスデータ解析法、［6］アローダイヤグラム法、［7］PDPC法——となります。

これらは品質関連の参考書に書かれています。上司や先輩から読んで勉強するように言われた人もいるでしょう。しかし、意外にも大切なことが忘れられているケースが多いのです。それは、「何のためにこれらの道具を学ぶのか？」について、しっかりと押さえていないこと。これ

では各道具の中身を知っていても、ものづくりの現場で実際に使われる機会は少なくなってしまいます。

QC7つ道具と新QC7つ道具は、品質データ整理の基本です。これらを学ぶ理由は、「見える化」するためです。品質を高めよう、あるいは品質トラブルを未然に防ごうと思っても、まずは品質データを見える化しなければ、問題の解決や改善どころか、問題が何かを知ることすらできません。

例えば、不具合件数が昨年は5件で今年は10件だという場合、棒グラフで示せば高さの差で品質が悪化していることが一目瞭然ですよね。冗談で私は、「問題に気付かれたくなければ、数字で書いておけばいい」と言っています。円グラフを世界に広めた人は、英国の看護師であるナイチンゲールだといわれています。クリミア戦争で亡くなる兵士について、敵の攻撃を受けて直接死亡する人よりも、負傷して病棟で亡くなる人が多いことを円グラフで見える化し、看護師の派遣を要請することに成功したのです。

QC7つ道具では、数値を扱います。数値データから事実を客観的に、しかも手軽につかむための道具なのです。一方、新QC7つ道具が扱うのは、言語データ。言語データを整理し、これからどうするかという課題や問題に対して解決策を考え、発想して創造するための道具です。品質を改善する際に頭の中で考えていることを見える化するために使います。

例えば、「職場を明るくしたい」という課題に対し、職場を暗くしている原因だと思うものを職場全員に付箋紙に書いてもらう。これらを集

めて内容によってグルーピングし、何が問題かを考えるといった場合に使うのが新QC7つ道具の1つである親和図法なのです。

—— QC7つ道具と新QC7つ道具は、日本企業の中ではよく知られている道具なのではないでしょうか。特に技術に携わっている人には常識ともいえる手法では？

皆川 知っておいてほしい、と言いたいところです。日本の製造業に従事する社員であれば知っていなければならないものだと思いますが、知らない人が最近は増えているようです。最近は品質に関する教育が希望制になっており、受講した人は知っているけれど、受講していない人は知らないという傾向がみられます。以前、管理者の人から「QC7つ道具って何ですか？」と聞かれて驚いたことがあります。

QC7つ道具と新QC7つ道具は見える化を支える手法です。見える化するには、「意味のある図」で示す必要があります。こうした意味のある図は、QC7つ道具と新QC7つ道具を使わないと表すことができません。例えば、不具合の項目は何か、そしてそれらがどのような比率で発生したのかという内容については、パレート図でなければ示すことができません。

こうした言い方をするとプレッシャーを感じるかもしれませんね。実のところは、知っていると大変便利な道具なのです。だから、皆さんにぜひ使いこなしてほしいと思っています。

—— トヨタグループではQC7つ道具と新QC7つ道具をしっかりと学ぶのですか。

皆川 もちろんです。トヨタグループでは統計的品質管理（SQC）の中に、

QC7つ道具と新QC7つ道具を加えているほどです。統計手法を使っているわけではないので、本来はQC7つ道具と新QC7つ道具がSQCに含まれることはないはずです。これは他社ではほとんどみられないトヨタグループの特徴です。

トヨタグループがQC7つ道具と新QC7つ道具を習得するのは、「皆に分かってもらうため」です。見えない問題は議論できないし、見えない品質は改善できません。設計現場でも生産現場でも大量のデータや資料が生じますが、生のデータや資料を集めただけでは皆で何が問題かを話し合うことはできません。そこで、QC7つ道具と新QC7つ道具を使って見える化します。これにより、議論ができるようにしたり、誰かを説得したり納得させたりすることが容易になるのです。

例えば、東日本大震災で生じた福島第一原子力発電所事故の除染の行程表。世間に公表された行程表は1つの行程しかありませんでした。「A」→「B」→「C」……といったものです。これでは何か条件が変わって、例えば反対する人が出た途端に進まなくなってしまいます。こうした場合、新QC7つ道具の中のPDPC（過程決定計画図）法を使います。事前に考えられる結果を予測して手段を考える、リスクマネージメントのための道具です。

トラブルが発生した際によくあるのが、何も考えずにいきなり原因を調べることです。こういうときこそ「急がば回れ」。思い付きで行動すると、時間がかかる割に良い結果が得られません。最初はQC7つ道具と新QC7つ道具を使うことが面倒に感じるかもしれません。しかし、結局はより良い結果がより短時間で得られるのです。

—— トラブルが生じた際に、トヨタグループではどのように処理していくのですか。

皆川 まずは系統図法を使い、「直接原因」を考えられるだけ考え出して展開していきます。続いて、1つひとつの原因についてマトリクス図法を使ってデータ（具体的な数値データ）を記しつつ、影響度や発生度、検出度などを数値評価（例えば、5段階評価など）していきます。こうして直接原因を特定した上で対策に入っていくのです。

　ちなみに、私が好きなのは系統図法とマトリクス図法を別々に使うのではなく、一緒に組み合わせて使う方法です。何かトラブルが発生した際に、いろいろな対策方法の検討と判断、そして評価を同時にこなせるからです。

—— 現在、QC7つ道具と新QC7つ道具を活用している日本企業はどれくらいあるのでしょうか。

皆川 私の経験では、「QC7つ道具と新QC7つ道具を知っていますか？」と聞くと、「知っています」という人は多い。しかし、さらに聞いていくと表面的に知っているものの、うまく使いこなせている企業は少ないという印象です。そうそう、「KKD」って何だか分かりますか。

—— さて、何でしょうか。見当もつきません。

皆川 勘（Kan）、コツ（Kotsu）、度胸（Dokyou）の頭文字を取ったものです。これらは、QC7つ道具と新QC7つ道具の真逆の言葉です。これらをトヨタグループではKKDと呼んでいます。当然、こうした表現には「評価しない」という「負」の意味が込められています。

　KKDで進めても、最初は早く結果が出てくる場合があるかもしれま

せん。しかし、時間が経つにつれて QC7 つ道具と新 QC7 つ道具を活用して得られる結果の方が急速に上回っていきます。そして、最後は「急がば回れ」ということわざの教えに帰着するのです。

トヨタ自動車に品質関連の報告を行う際に、QC7 つ道具と新 QC7 つ道具を使うことは必須です。使っていない報告書は、品質保証部門が受け取ってくれません。

―― それは興味深い話です。もう少し詳しく教えてください。

皆川 ある部品が市場で不具合を起こしたとします。この問題に対してトヨタ自動車に報告する場合は、「不具合（クレーム）情報 3 点セット」がないと受け付けてくれません。

不具合情報 3 点セットとは、まず［1］製造月別/発生月別不具合件数グラフです。これは、その不具合がいつ発生し、該当する部品をいつ造ったのかを知るためです。続いて、［2］経過月別不具合件数グラフ。これは品質改善などの効果が表れているか否かを確認するためです。そして、［3］ワイブル解析（不具合累積発生率のグラフ）です。これは、未来における不具合の発生率を予測するためです。

QC7 つ道具と新 QC7 つ道具は決して難しい道具ではありません。文系出身の社員でも十分使いこなせます。ただし、使いこなすにはそれなりのポイントを押さえなければなりません。

··

【多変量解析】
最適品質を最高効率で得る**トヨタのツール**

多変量解析は、トヨタグループにとって最適品質を最高効率で得るための道具だと皆川氏は言う。多変量解析とは何か、同氏に聞いた。

（聞き手は近岡 裕＝日経クロステック編集）

—— 多変量解析とは大学で学ぶ応用数学的なイメージもあり、どうも難しく感じます。多変量解析とは何なのか、できる限りシンプルに教えてください。

皆川 多変量解析は、大量にあるデータを「見える化」して「意味」を見つけ出すための道具です。データは本来「宝」。山積みのデータに埋もれているダイヤの原石を見つけ出して磨き上げる。これが多変量解析を使いこなすイメージです。測定したデータは現場にたくさんあるのに、使い切れていない日本企業が多い。実にもったいないと思います。

多変量解析を使うことで見いだせる意味には 2 種類があります。1 つは「要約」、もう 1 つは「予測」です。

要約とは、データにどのような特徴があるかを読み取ることです。データから何が言えるのかを見つけ出すのです。身近な例えを出すと、中・高校生のテストの成績。英語、数学、国語、理科、社会の点数に多変量解析を使うと、「数学の得意な人は理科もできる」「英語の点が高い人は国語も得意」などといった相関関係や傾向を見いだすことができる

のです。

　製造業の分野でいえば、例えば、材料の組成比率と強度の関係を見い
だすために多変量解析が使えます。元素であるリンとマンガンはどのよう
に関係しているのか、ケイ素はどのように強度に効いているのか、と
いったことが分かるのです。

──　もう１つの「予測」とはどのようなものですか。

皆川　予測は、文字通り次にどうなるかを見通すことです。あなた競馬は好
きですか。実は競馬ファンには多変量解析が向いていると思います。
馬、騎手、馬場……といったデータ（変数）を使って多変量解析を行う
と、着順が予測できるからです。これぞまさに多変量解析の「予測」を
分かりやすく説明する好例です。

　中古のマンションの価格も導き出せます。多変量解析を利用すれば、
通勤時間や部屋の広さ、築年数などのデータから価格（推定価格）を予
測できるのです。この推定価格と不動産業者が提示している価格を比較
すると、自分が目を付けた物件が高すぎるのか、それともお買い得なの
かが分かるというわけです。これで不動産業者にふっかけられることは
なくなります。

　トヨタグループでは、この予測を実によく使います。例えば塗装の膜
厚の予測。塗料の希釈率、塗料の粘度、吹き付けガンのスピード、吹き
付けガンとボディーの距離などのデータから、多変量解析を使って膜厚
がどうなるかを予測するのです。これにより、ばらつきのない均一な膜
厚を得ることができます。逆に、実現したい膜厚から塗装条件を導き出
す際にも、多変量解析は使えるのです。なお、多変量解析ではこうした

塗装条件を「説明変数」、膜厚を「目的変数」と呼びます。

── トヨタグループにとって、多変量解析はどのような位置付けなのでしょうか。

皆川 トヨタグループの技術者で多変量解析を使わない人は、まずいないと思います。特に、設計部門と製造部門ではよく利用されています。使わないと設計値も製造条件も決めることができないからです。つまり、設計も製造もできない。ものづくりができないのです。山積みのデータから多変量解析を使って最適値を絞り込む。そうしたことはトヨタグループでは日常的に行っています。決して特別な道具ではなく、電卓のように身近な道具です。逆に、なぜ身近かといえば、実務にバリバリ使えて便利だからです。

── では、そのトヨタグループが日常的に使う多変量解析は、日本企業全体ではどれくらい浸透しているのでしょうか。

皆川 率直に言って、多変量解析を使いこなしている企業は少ないと思います。実は多変量解析に限らず、品質に関する教育を社内で全くしていないという企業もあります。大手企業でも珍しくはありません。

── なぜ少ないのでしょうか。

皆川 品質教育をあまり行っていないため、多変量解析の重要性や利点を知らないというケースが多いのではないでしょうか。いや、それ以前に、多変量解析を知らなくても何とか製品を造れているからでしょうね。

　確かに、多変量解析を使わなくても日々の製品は出来ます。しかし、多変量解析を使わないままで済ませているということは、いわば、良品が「たまたま出来た」状態。良品が出来ている間はよいでしょう。でも、

ある時突然、不良が出てトラブルになったら解決できないか、解決したように思えても、それもまた偶然ということになりかねません。対症療法に過ぎないかもしれないのです。

つまり、それは現場の勘とコツに頼っているということ。誰かが試行錯誤して製品の設計や生産がたまたまできた。そして、それを使い続けている。でも、それでは「なぜできたのか？」と質問されたときに根拠を答えることができません。

―― 多変量解析を使わない場合のリスクを教えてください。

皆川 先の塗装でいえば、多変量解析を使わないと均一な膜厚を得られない可能性があります。クルマの外板の部位によって膜厚がばらばら。鋼の強度を高めるための熱処理工程では、熱処理条件をどのように絞り込めばよいか分からない可能性があります。

めっき工程を考えてみましょう。「亜鉛めっきの厚さを $10\pm2\mu$m にせよ」と言われたら、あなたはどうしますか。

―― めっきの専門家ではないのですが、標準的なめっき条件を設定して、時間を計っていく方法を採ります。めっきを開始してある程度時間がたったら、めっきの厚さを測る。厚さが足りなければ、さらに何分か待って、めっきの厚さを計測する。こうして $10\pm2\mu$m に達するまでの時間をめっきを施す時間として設定します。

皆川 残念ながら、あなたの会社はコスト競争力で負ける可能性があります。めっきには、電流値や面粗度、組成、時間、電流のかけ方などさまざまな条件があります。多変量解析を使えば、そうした条件の中からめっき厚に大きく寄与するものを選び出すことができる。例えば、電流

値を大きくすることをベースに、他のいくつかの条件を整える。すると、わずか2分間で $10\pm2\mu m$ のめっき厚を得られるかもしれないのです。

しかし、多変量解析を使わないあなたは、電流値を変える効果の大きさを知らず、時間しか見ていなかった。それでもめっき処理はでき、製品を造ることはできる。しかし、生産効率を落としていることには気付いていません。ここでは時間、すなわち生産効率に着目しましたが、品質に対しても同じです。多変量解析を使わなければ、生産効率も品質も高めることができないのです。

逆に、トヨタグループが多変量解析をよく使うのは、多変量解析が「最適品質を最高の効率で得られるツールである」ということを理解しているからでしょう。

—— 多変量解析の重要性や利点は分かりました。でも、やっぱりとっつきにくいイメージは否めません。使いこなすには難易度が高そうです。だからこそ、あまり日本企業に浸透していないのではありませんか？

皆川 初めて見たり聞いたりしたときには難しい印象があるかもしれません。しかし、実際にはそんなことはありません。

確かに、多変量解析には難解な数式が出てきます。重回帰式や判別式、主成分分析、クラスター分析などなど。多変量解析をこうした数式を使って理論を中心に学ぶと挫折しがちです。計算も手計算で大変なのです。

実は、かつてトヨタグループもそうでした。理論的な説明が中心の多変量解析の研修を行っていたところ、難しくて、技術者といえども実務

で使いこなせなかった。研修の講座として学んでおしまいで、実践には至らない。それでは多変量解析を学ぶ意味はありません。

そこで、トヨタグループはこう考えました。「理論は後回しでいい。現場で使えるかどうかという視点に立とう」と。こうして理論を学んだ上で手計算する方法をやめ、計算を自動化できるソフトウエアを使うことにしました。加えて、実践形式の研修を始めました。講義に加えて、職場から持ち寄った課題をテーマにグループワークを行う方法を取り入れたのです。すると、現場での多変量解析の活用率が飛躍的に伸びました。

私の講座のグループワークの際に使うのは、統計的品質管理（SQC）解析ソフトウエア「JUSE-StatWorks」です。とても簡単に解析できます。こんなイメージです。まず、Excelにデータを入力する。例えば、中古マンションの広さ、築年数、価格といったデータを入れる。次に、そのExcelデータをソフトウエアに貼り付ける（取り込む）。続いて、「多変量解析」ボタンを選択し、「重回帰分析」ボタンを選ぶ。すると、「回帰式」が出てくる。ここで「予測」ボタンを選択し、目を付けた中古マンションの広さと築年数のデータを入れると推定価格がはじき出される——。簡単でしょう？

トヨタグループでは現場で使いやすくするために、小難しい理論と煩わしい計算から技術者を解放しました。その途端に現場で使う機会が増えました。私は、理論と計算はパソコンとソフトウエアに任せ、技術者は多変量解析という道具を使いこなすことに重点を置けばよい、という考えです。便利で強力な多変量解析という道具を使いこなしましょう。

┈┈┈┈┈┈┈┈┈┈┈┈┈┈┈┈┈┈┈┈┈┈┈┈┈┈┈┈┈

【実験計画法】
だからトヨタは最適解に最短ルートでたどり着く

トヨタグループにとって、因子の最適値の決め手だという**実験計画法**とは
何か。皆川氏に詳しく聞いた。

（聞き手は近岡 裕＝日経クロステック編集）

―― 初めて聞く人でも理解できるように、まずは実験計画法を分かりやす
く説明してください。

皆川 実験計画法は、最適値を最小の試料から最速で求めるための手法で
す。「データがない」ことがポイント。その点が多変量解析などとの大
きな違いです。**多変量解析**は山積みのデータがあり、その中から価値の
ある意味を見いだす手法です。

　これに対し、実験計画法はデータがないときに利用する手法です。例
えば、私が行っている実験計画法の研修などでは、紙で作るヘリコプ
ター「紙コプター」を使います。大まかな形状は、長方形の紙に途中ま
で切り込みを入れて二股にし、それを互いに反対方向に曲げて羽根にし
たものです。そして、研修する人をチームに分け、チームごとに作って
もらった紙コプターをある高さから自然落下させ、滞空時間の長さを競
います。最も滞空時間の長い紙コプターを作ったチームが優勝というコ
ンテストをその研修の中で行っています。

　紙コプターを作る上で決まっているのは、紙の材質と胴体の長さだ

け。羽根の長さや、羽根の幅、胴体の幅、胴体の絞り、クリップの数、羽根の角度は自由に設計できます。このコンテストで、あなたならどうしますか。

―― 良い案が浮かびました！ チームメンバーがいるなら、個々のメンバーでばらばらに紙コプターを作ります。そして、落下実験を行って滞空時間が最も長い紙コプターを見つけ出す。それをベースに改良を加えていけば、優れた紙コプターが出来るはずです。

皆川 ……（苦笑）。その方法では、収束する方向に進むのか、発散する方向に向かうのか分かりませんね。エンドレスとなり、一体いつになったら最適設計にたどり着けるのでしょうか。

―― 改善は永遠です。

皆川 ……（苦笑）。

―― その表情から察するに、こんな方法をトヨタグループでは採らないのですね。

皆川 採りません。そんな回答をしたり行動を取ったりしたら、「君は実験計画法を勉強したのか？」と先輩や上司から叱責されることでしょう。

　実験計画法では、まず先の羽根や胴体の長さなどの要素（因子）のうち、どれが滞空時間に大きな効果を及ぼすかを「直交実験」で絞り込みます。直交実験では、それぞれの因子について複数の段階（水準）を設けてサンプルを作り、実験を行います。例えば、与えられた条件の中で考えられる最小と最大（小と大）の2水準を考えてサンプルを作る。ここでは8種類のサンプルを作ります。こうして紙コプターの落下実験を行う。すると、その結果から、どの因子が滞空時間に大きく影響するの

かを割り出すことができます。

ここで例えば、羽根の長さと胴体の幅という2つの因子が滞空時間に与える影響が大きいと分かれば、次に「元配置実験」を行います。今度は3水準、すなわち羽根の長さも胴体の幅も大、中、小の3種類を設定し、3×3＝9種類のサンプルを作ります。こうして再度実験すれば、羽根の長さと胴体の幅の最適値が見つかります。その後、最適値のサンプルを作り、最終評価を行うという仕組みです。

—— どのような場面で実験計画法を使うのでしょうか。

皆川 新しい製品を設計するときに使います。実験計画法を使わないと、先ほどのあなたの方式と同じです。適当にサンプルを作って評価してOKにしてしまう。極端な場合、わずか2種類のサンプルを作り、実験して良い方に決めてしまう。なんとも大ざっぱですが、こうした決め方をする日本企業は実に多いのです。いわゆる「N＝2、OK」というやつです。

—— 実験計画法を使っている日本企業はどれくらいあるのでしょうか。

皆川 実験計画法を知らない企業は意外に多いのではないでしょうか。多変量解析よりも使いこなしている企業は少ないと思います。なぜかといえば、多変量解析はデータがあるのに対し、実験計画法はデータがないからです。そのため、自分たちでサンプル（試作品）を作っていかなければなりません。それに対して抵抗感があるのではないでしょうか。

しかし、実験計画法を使っていないと最適解かどうかを判断することができません。永遠に最適解にたどり着けない可能性もあります。それでも、とりあえず製品は出来る。だから、実験計画法を使っていない、あるいは知らないケースがたくさんあるのだと思います。

　　トヨタグループでは新製品を開発設計する際に実験計画法は必須です。理由はシンプル。実験計画法を使って最適解に最短ルートでたどり着きたいからです。

── 実験計画法には参考書がたくさん出版されているはずです。それでも使っていない日本企業が多いのはなぜですか。

皆川　確かに、「実験計画法の本を買って読みなさい」と言われる技術者もいると思います。しかし、難しいものが多い。アカデミックに書かれており、理解するのに骨が折れる。買ったけど読まずに「積ん読」という人は多いのではないでしょうか。

　　率直にいって、技術者が設計現場や生産現場などで使いこなすという視点では書かれていない本が多いと感じます。「著者自身が現場で使っていないのでは？」と疑ってしまうことすらあります。

【DRBFM】
DRBFM はトヨタ品質の礎、大切なのは「5 者議論」

DRBFM（Design Review Based on Failure Mode）は、トヨタグループが活用している品質不具合の未然防止手法。トヨタグループと取り引きする際には必須のツールともいわれている。だが、DRBFM の真の強みは「抜けなく、しっかりと品質不具合が起きないように議論する仕組みにある」と皆川氏はいう。皆川氏に DRBFM の特徴を聞いた。

（聞き手は近岡 裕＝日経クロステック編集）

―― まずは基本的な質問から。DRBFM とは何かについて分かりやすく教えてください。

皆川 トヨタグループが活用している品質不具合未然防止手法です。設計の「変更点」や、製品が使われる環境や仕向け地（販売する市場）などの「変化点」に着目することで、品質トラブルの発生を防ぐ手法です。

よく、「効率良く行う FMEA（Failure Mode and Effects Analysis：故障モード影響解析）」などと説明されますが、違います。確かに、変更点と変化点に絞り込んで効率化することはできますが、それ以上に大切なポイントがあります。それは、「なぜ、そのような設計をしたのかについて、皆で徹底して議論すること」です。

DRBFM は Design Review Based on Failure Mode の頭文字を取ったもの。日本語に訳せば「故障モードに基づく設計審査」となりま

す。そう、読んで字のごとく、大切なのはデザインレビュー（DR）、すなわち「設計審査」の方なのです。

――DRBFM では設計審査が重要ということですね。

皆川 設計審査の方に重きを置くというのはその通りなのですが、ここでも誤解している企業が少なくありません。DR は確かに「設計審査」と訳されますが、本当にすべきことは「皆で議論すること」です。ところが、「審査」と訳されてしまったために、設計に対する審査会になっていることが非常に多い。例えば、デンソーであれば設計を終えた後に「品質保証会議」という次のステップに移行するための審査会があります。こうした次の工程に進めるか否かの審査会と DR を一緒に実施してしまう企業がとても多いのです。

――なぜ、審査ではダメなのでしょうか。

皆川 皆で議論しなくなるからです。審査になると、多くの会社が「なんとかその製品を次に流そう」と考えるようになる。そのため、設計に関して十分な議論をせずに次に進んでしまうことになります。

　DRBFM の DR ではそうではなく、DRBFM の帳票（ワークシート）を使って、なぜそうした設計をしたのかについて、「みんな」で議論します。みんなとは、開発設計に加えて、製造と生産技術と品質保証と検査の各部門のメンバーのこと。デンソーではこれを「5者」と呼びます（注：5者とは5部門という意味であり、人数が5人というわけではない）。DRBFM の最終的な狙いは、品質トラブルを起こさないことです。製品を世の中に出す際に、最上流である設計が、本当に品質的に良いかどうかを皆で議論する。それが DRBFM で最も重要なポイントなので

す。

　もう少し分かりやすく説明しましょう。ディーゼルエンジンの燃料噴射システムを設計するとします。議論をせずに単に審査だけを行っている会社では、例えば燃料の噴射圧力を取り上げる場合に、設計者が「噴射圧力を 100MPa にしました。よいですね？」というふうに聞く。すると、審査する人は「よいです」となる場合が多い。本当は 100MPa ではなく、150MPa にしなければ競争力がないかもしれません。しかし、そうした点を誰も確認することはなく、そのまま通過してしまう。

　これに対し、DRBFM の DR では「なぜ、噴射圧力を 100MPa にしたのか」をテーマに議論を進めます。まず、設計者が 100MPa にした根拠を説明します。それに対し、本当に 100MPa でよいのか、設計以外の部門の人間（残りの 4 者）が各専門の視点から質問をしていきます。設計が決めた公差が本当によいのか？　材質は？　熱処理は？　表面処理は？　製造上に問題があるのではないか、あるいは品質保証的に耐久性が持たないのではないかなど、各専門の知見を交えて「設計の根拠」を皆で議論しながら明確にしていくのです。

　審査だけでは、こうした設計の根拠を明確にしないで進めてしまう危険性があります。DRBFM の DR ではそうした危険性を防ぐことができるのです。

―― 従来の FMEA でも DR を実施してきたのではありませんか。

皆川　従来の FMEA では、なぜその設計にしたのかに関する議論がありませんでした。従来の FMEA のワークシートは主に製造に関する品質管理をまとめたもので、設計について議論するワークシートにはなってい

なかったからです。

　従来の FMEA は、「影響度（不具合が起きたときにどれくらいの影響があるか）」「発生度（不具合が起きる確率）」「検出度（その不具合をどこで検出できるか）」の3つを掛け合わせて「重要度（影響度×発生度×検出度）」を計算します。そして、その数値に応じて工場の品質管理に関する検査を変えていました。例えば、数値が特に大きければ「全数検査を実施する」といった具合に対策します。

　つまり、従来の FMEA には「どのように設計したか」について記載する箇所がありませんでした。そのため、設計に関して議論することができず、その設計で本当に良いかどうか、すなわち品質不具合を未然に防げるか否かを検討することができなかったのです。

　確かに、従来の FMEA のワークシートを使って DR を実施している企業もありました。ただし、大抵の場合、設計者が思いついたことだけを取り上げることが多かった。先の例で言えば、噴射圧力が 100MPa の話だけで、他の点は話題に載らない。材料は？　熱処理は？　表面処理は？——といった、他の部門の専門的視点も反映されません。これでは品質不具合を防ぐ上で本来は改善すべき設計箇所に「抜け（検討漏れ）」がたくさん生じてしまいます。結果、客先や市場で品質トラブルを起こしてしまうリスクが高まるのです。

　設計に関するこうした検討漏れの危険性をなくし、必要項目の全てについて議論する方法として考え出されたのが DRBFM なのです。こう説明すれば、設計の根拠について議論するためのワークシートになっているという意味が理解できると思います。

―― DRBFM では設計の根拠について議論できるワークシートになっているのですね。具体的にはどのようになっているのでしょうか。

皆川 まず、「変更点・変化点」欄があります。例えば、燃料噴射システムであれば、ここに燃料の噴射圧力を100MPaから200MPaに高めたといった変更点を記載します。仕向け地が変わった場合や製品を使う環境が変わった場合は、変化点として、やはりこの欄に記載します。

次に「目的」欄があります。ここには何のために変えたのかを記述します。続いて「役割」欄。ここには、例えば「燃料の圧力の役割は何か」について記載します。

次に「心配点」欄。ここには、噴射圧力を200MPaに高めた際に心配となる点を書き込みます。例えば、圧力が高すぎて燃料が漏れる危険性があるといったことを記すのです。

続いて、「要因」欄。ここには、仮に燃料が漏れるとしたら、その原因を記載します。例えば、材料のつなぎ目の面粗度が悪くて燃料が漏れてしまうといったことです。

次に「影響」欄があります。例えば、燃料が漏れることで発火や引火といった重大な影響を及ぼすことを記載します。

そして、「設計」欄。ここが最も大切な所です。どのように設計したのかについて記載します。燃料を漏らさないためにどのような設計を施したかを書き記します。例えば、表面粗さ（面粗度）を高めることにより、燃料の漏れの安全率である「漏れ限界」を500MPaまで引き上げた。これで安全率が5倍になったので燃料漏れを回避できる、といった具合です。

　最後に「評価」欄があります。本当にその設計で大丈夫かどうかを評価する欄です。燃料の漏れに対して、どのような評価をしたかを記載します。例えば、漏れ限界を 1GPa まで高めて評価したことや、常温だけではなく、高温環境や長時間放置した耐久試験などを行って評価したことを書き記すのです。

　以上の欄は、設計者が埋めて DRBFM のワークシートを作成します。そして、DR ではこのワークシートを基に、まずは設計者が出席者である製造、生産技術、品質保証、検査の各部門の人たちに説明します。その後、議論に入ります。

　すると、例えば「心配点は燃料漏れ以外にないのですか？」といった質問が上がる。製造からは「そんなに面粗度を上げてしまうとコストが跳ね上がり、加工時間も伸びてしまう」といった意見が出てくる。品質保証からは「要因として面粗度だけを挙げていますが、これほど高圧になると、材質の巣の影響は考えられませんか？」と心配する声が上がる。影響欄に関して「圧力を高くするとポンプの負荷が高くなり、カムの摩耗が激しくなるのでは？」という質問が設計者に投げ掛けられる──。このように、設計者だけでは気付かない、それぞれの専門の立場の知見を利用して、設計の改良点に気付くことができる。これが、皆で議論することの意義なのです。

　さらに、DRBFM ではこうした議論を受けて、設計の改善を実現する仕組みも組み込んでいます。「設計へ反映すべき事項」「評価へ反映すべき事項」「製造へ反映すべき事項」を記す欄があるからです。例えば、巣の影響があるかどうかは「評価へ反映すべき事項」に記載し、面粗度に

関して製造側の問題であれば、「製造へ反映すべき事項」に製造の工程能力を定量的に調査することを記載します。「担当」と「期限」を書く欄もあるため、いつまでに誰が担当するかをその場で決めることができます。こうして次の DR でどのような結果になったかを確かめます。

　DRBFM では、全ての変更点・変化点と、それらによって考えられる全ての心配について議論しなければなりません。だから、漏れなく抜けなく議論できるというわけです。

―― トヨタグループにおける DRBFM の位置付けを教えてください。

皆川　必須のツールです。新製品の場合はトヨタ自動車と一緒に部品メーカーも DRBFM を実践することになります。ストレングス（強み）を知っている部品メーカーと、ストレス（負荷）を知っている自動車メーカー、すなわち、製品の強度をよく知る部品メーカーと、その製品（部品）に関してどのような負荷が加わるかを把握している自動車メーカーが一緒に DRBFM を実践すると、より大きな効果を得られるからです。

　逆にいえば、DRBFM を知らなければトヨタグループとは一緒に仕事ができないともいえると思います。

【信頼性設計・信頼性試験】
信頼性工学なしにトヨタの耐久性は語れない

トヨタグループにとって製品の寿命を設計する信頼性工学（信頼性設計・信頼性試験）とは何か。皆川氏に詳しく聞いた。

（聞き手は近岡 裕＝日経クロステック編集）

—— 信頼性工学とは何かについて、分かりやすく教えてください。

皆川 信頼性工学は、製品の寿命を考えた設計を可能にするためのツールです。そのため、信頼性工学は「ゆりかごから墓場まで」とも表現されます。

　製品の品質水準は新製品（クルマなら新車）の時点で最高にあり、時間の経過とともに下がっていって、いつかはお客様が要求する品質水準を下回ってしまいます。設計では、お客様が要求する品質水準を上回る期間、すなわち製品寿命を想定した通りに確保しなければなりません。そのために、耐久試験を実施します。信頼性工学を使えば、その耐久試験が正しいかどうかを判断できます。逆に、信頼性工学を知らないと、自信を持って耐久性を保証することができません。

　当然ながら、製品は新しいときだけ使えればよいというわけではありません。信頼性とは、与えられた条件の下で、与えられた期間、要求された機能を製品が遂行できる能力のこと。例えばクルマの場合、平均車齢は伸びており、その間ずっとお客様に迷惑が掛からないようにしなければなりません。想定する製品寿命が走行距離でみて 30 万 km のはず

が、10万kmで壊れてしまうとお客様からの信頼を失ってしまいます。クルマのホーン（警笛）なら、例えば5万回の作動回数の間、規定の音圧を満たす必要があります。

—— 信頼性工学を使えば製品の寿命をきちんと把握することができるのですね。では、信頼性工学を知らないとどのようなデメリットがあるのでしょうか。

皆川 例えば、ある車種が市場不具合を起こし、走行距離が1万kmまでのデータしかないとします。この車種について、寿命がくるまで走った場合にどれくらいの割合で不具合が発生するか？　と聞かれたら、信頼性工学を知らないと答えることができません。「1万kmまでの不具合の累積（合計）発生率は5ppmだ。これくらいなら、まあいいか」と放置した。ところが、後になって慌ててリコールするはめになった——という事態に陥る危険性があるのです。

　これに対し、信頼性工学を使えば、1万km程度の短い走行距離からでも、10万km走行までの不具合の累積発生率を予測することができます。その結果、早い段階でリコールの判断を下すことができるのです。リコールは早いほどかかる費用が少なくて済みます。大量に販売してしまった後でリコールするよりも、発売後できる限り早い時期にリコールした方が市場を走っている台数が少ないからです。

　加えて、不具合のモードには次の3つがあります。「初期故障」と「偶発故障」、「摩耗故障」です。ある製品で市場不具合が起きた際に、信頼性工学を知らないとどの不具合モードなのかが分からない。すると、適切な処置ができず、見当違いの対策になってしまいます。

　本当は初期故障なのに摩耗故障と判断すると、打つ手が変わってしまう。例えば、燃料ポンプに組み込んだブラシ付きモーターが工場の製造不具合が原因で故障した。典型的な初期故障です。ところが、これを摩耗故障と判断し、ブラシを厚くして摩耗への耐性を高めたとする。これでは不具合の発生を抑えられないだけではなく、ブラシを厚くするというムダなコストがかかってしまいます。

―― トヨタグループでは信頼性工学をどのように位置付けているのでしょうか。

皆川　トヨタグループでは、市場不具合が起きたときに「クレーム（不具合）情報3点セット」が必須です。3点セットとは、[1] 製造月別/故障月別不具合件数グラフ、[2] 経過月別不具合件数グラフ、[3] ワイブル解析（不具合累積発生率のグラフ）のこと。このうち、ワイブル解析は信頼性工学を知らないとできません。このワイブル解析を施すことで初期故障か、偶発故障か、摩耗故障かが分かるからです。

　これらの3点セットを持って行かないと、トヨタ自動車は部品メーカーからの報告を受け付けてくれません。自動車メーカーは、できる限り早い段階でリコールかどうかの判断をしなければなりません。3点セットがないと、その判断ができないのです。

　トヨタグループでは、新製品開発時の信頼性の評価基準を作るためにも信頼性工学は必須です。信頼性試験の条件と市場の相関があるか否かもワイブル解析で判断するからです。一生懸命に信頼性試験を行っても、市場（実際）との相関が取れていなければ全く意味のない試験になってしまいます。例えば、燃料ポンプに関して耐久試験を1000時間

分施せば30万kmの走行距離を保証できると考えていたところ、実は5万kmしかもたなかったといった事態になってしまうのです。

では、ここで質問です。あなたならどのようにして開発する製品の信頼性試験の条件を決めますか。

—— クルマだとしたら、とりあえず試作車を100台ほど造って試験場を走らせてデータを取ります。そして、それを基に改善を加えていきます。

皆川 話になりませんね。まず、試験場では市場環境とは異なります。ドライバーも違います。その100台というのは同じ時期に造ったものですか？だとすれば、ランダムに造ったものでなければダメです。また、信頼性試験にかけるクルマをどのように回収するのでしょうか。壊れたクルマだけ？壊れる前のクルマを回収しなければ意味がありません。

信頼性試験には次のようなステップが必要です。まず、「市場ストレス調査」。市場でその製品にどれくらいのストレスがかかっているかを調べます。これは国によって全く異なりますし、人（顧客）によっても違います。続いて、「良品回収調査」。製品を壊れる前に回収し、どれくらい劣化しているかを調べます。次に「実車環境調査」。環境とストレスの関係を調べます。これらの3つから、仮の条件を決めます。そして、その条件で本当に不具合が再現できるかどうかを調べ、再現できればようやく試験条件が決まるのです。

—— 信頼性工学は日本企業にどれくらい浸透しているのでしょうか。

皆川 残念ながら、あまり浸透していないと感じます。信頼性工学を知らなくても、とりあえず製品は造れます。なぜなら、会社に入ると「従来の製品」の信頼性試験の条件が明示されているからです。上司や先輩がか

つて決めた条件をそのまま踏襲して試験を実施すればよいと考えている技術者が多いのです。

　ところが、それは「既存の製品」と「既存の環境」に対してのみ有効な条件に過ぎません。もしかしたら、新製品は経験のない新しい市場で販売されるのかもしれません。そうなると、市場で不具合が頻発する恐れが出てきます。なぜなら、しかるべき市場ストレス調査を実施していないからです。

　今、製品はますますボーダーレスになり、顧客も先進国から新興国まで拡大しています。使われ方も多種多様。日本の技術者が考える「常識」は通用しなくなっています。例えば、クルマのホーンにしても、日本では本当に危険なときの警告程度にしか使われませんが、インドや中国のドライバーは頻繁に使います。ホーンを鳴らしながら走ると言っても過言ではないほどです。ホーン1つとっても信頼性試験の条件が大きく変わります。ですから、過去の信頼性試験の条件が通用しないのは容易に想像がつくと思います。

—— 信頼性工学を学ぶ上でのポイントを教えてください。

皆川　寿命目標を必ず3点で設定することです。開始点と代表点、終了点です。例えば車両の残存率（新車で購入した車が残っている比率）95%、50%、10%の3点での走行距離における寿命目標。これらを決めておけば、信頼性試験の際に不具合が出るかどうかの予測ができます。どれか1点だけでは、市場で不具合が起きてしまいます。これらの3つの寿命目標を押さえて、それに見合った設計をすれば、耐久性に関する市場不具合の発生を防ぐことができるのです。

・・・

【工程 FMEA】
トヨタが「工程 FMEA」を改善、ISO 推奨のワークシートに形骸化の原因

開発設計（詳細設計）における未然防止の品質手法として FMEA はよく知られている。では、工程 FMEA はどうだろうか。「工程 FMEA を実施しているのは 5 割。実施していても、形骸化しているところが多い。しかも、この形骸化は ISO9001 が推奨する工程 FMEA のワークシート（帳票）に原因がある」。皆川氏はこう指摘する。同氏にトヨタグループが実践している工程 FMEA と国際標準化機構（ISO）推奨の工程 FMEA との違いを聞いた。

（聞き手は近岡 裕＝日経クロステック編集）

――― まず、工程 FMEA とは何か、初心者でも理解できるように分かりやすく教えてください。

皆川 　工程 FMEA は、生産ラインの工程設計を対象とする FMEA（Failure Mode and Effects Analysis；故障モード影響解析）です。工程設計において品質不具合（以下、不具合）を未然に防ぐ手法として使います。工程設計において生じる可能性がある不具合を洗い出し、不良品を造らない工程にする。かつ、万が一不具合が発生した場合でも、不良品を流さない工程にする。これが工程 FMEA の目的です。

　トヨタグループではこの工程 FMEA は「マスト（必須）」です。「工程 FMEA をやらずして、工程設計したとはいえない」と強調したい。

実施していなければものづくりの次のステップである設備設計以降に進むことができないのです。

　なお、製品の開発設計を対象とする FMEA（設計 FMEA）を、トヨタグループでは DRBFM（Design Review Based on Failure Mode）と呼びます。しかし、なぜか工程 DRBFM とはいいません。でも、基本的な考え方は同じです。

―― FMEA と聞くと、開発設計（詳細設計）における未然防止手法を思い浮かべてしまいます。工程 FMEA は広く知られていますか。また、実施している企業は多いのでしょうか。

皆川　国際標準化機構の品質マネジメントシステムに関する規格「ISO9001」で定められているため、製造業の中で工程 FMEA の知名度は高いと思います。実施していないと欧米企業などと取引することができません。しかし、工程 FMEA を実施している日本企業は 5 割程度ではないでしょうか。率直に言って、少なすぎると思います。

　さらに問題は、「実施している」と主張する日本企業の中でも、正しく実施していると言える企業が意外に少ないことです。ISO9001 で決められているから、一応、実施しているだけ。形骸化していて、本当に効果的な工程 FMEA を実施していない日本企業が目に付くのです。

不具合が発生したら直す、の繰り返し

―― ISO でも要求されているのに、日本企業の半数も実施していないというのは不思議です。

皆川　品質管理手法（以下、品質手法）全般に言えることですが、工程

FMEA を実施しなくても、もの（製品）自体は造れるからでしょう。例えば、自動車メーカーと部品メーカーの関係です。顧客であり納入先である自動車メーカーが造り方を指示する場合は、部品メーカーは指示された通りに造るだけで、とりあえずものが出来てしまいます。

ところが、こうした場合でも不具合が増えているのです。製品が多機能・高性能化しており、工程が複雑になっているというのが、その理由の1つ。もう1つの理由は、納入先が100%指示することが難しくなっているからです。

例えば、自動車メーカーであれば、主要な工程や重要な箇所に絞って監査し、改善点を部品メーカーに指示します。経営リソースが限られていることもあり、全ての工程を見る余裕がなくなっているのです。そのため、監査を受けず、改善の指示をされない工程では、部品メーカーが自ら品質を保証しなければなりません。ここで工程 FMEA を実施していない企業は当然、不具合に苦しむというわけです。

工程 FMEA を実施していない企業では、典型的な「対症療法」が見られます。不具合が発生する根本的な原因を追究して解決することを忘れ、不具合が発生したらその工程を直す。ところが、根本的な解決には至っていないので、また別の不具合が起きて、それを直す。するとまた別の不具合が発生する……。これを延々と繰り返すのです。

—— では、きちんと ISO の規定に従って、工程 FMEA を実施している企業は問題がないのですね？

皆川　いいえ、必ずしもそうとはいえません。先述の通り、形の上だけ工程 FMEA を実施している企業があるからです。むしろ、こちらの方が問

題の根は深いといえるかもしれません。「我々はちゃんとやっている」と錯覚しているため、まさか間違っているとは気付かず、これまでのやり方を見直そうとは思わないからです。

―― しかし、何はともあれ実施しているということは、工程 FMEA の進め方を分かっているはずです。

皆川 それでは、工程で不具合や不良品は発生していませんか？ きっとそうではないはずです。担当者は心の中で、「ちゃんと工程 FMEA をやったのに、なぜトラブルが起きるんだ？」と疑問に思っているのではありませんか。

工程 FMEA が形骸化する原因は 2 つ考えられます（図 8-1）。

[1] ISO が推奨する工程 FMEA のワークシートに「抜け」があること
[2] 工程 FMEA を生産技術部門だけで行っていること

こうした原因に気付かずに形骸化の問題を放置していると、いつまでたっても工程 FMEA が効果的に機能しないと思います。

工程FMEAが形骸化する原因	[1] ISOが推奨する工程FMEAのワークシートに「抜け」があること
	[2] 工程FMEAを生産技術部門だけで行っていること

図 8-1 ● 工程 FMEA が形骸化する 2 つの原因
（作成：日経クロステック）

トヨタグループが「かしめ」や「ねじ締結」の工程でトラブルを経験

—— ISO が推奨するワークシートに抜けがあるとはどういうことでしょうか。

皆川 恥ずかしながら、かつて私自身が経験した失敗を明かしましょう。ある製品の生産ラインに、部品同士を締結する「かしめ工程」がありました。ISO の推奨するワークシートに従い、私たちは工程 FMEA を実施しました（**図 8-2**）。にもかかわらず、不具合が発生したのです。

　不具合の原因は、サブのかしめ工程にありました。かしめはサブ工程からメイン工程を経て行われます。しかし、私たちはメインのかしめ工程しか見ておらず、この部分にしか工程 FMEA を実施していませんでした。メインに至る途中の工程で不具合が起きる可能性の議論を怠っていたのです。ところが、それでも ISO9001 の規定を通ってしまう。ISO の規定では、工程の一部であっても工程 FMEA を実施していれば「OK」になってしまうからです。「サブ工程を含めて工程 FMEA を行うべし」などとは記述されていません。

工程No.	工程の機能	不良モード	不良の影響	不良の原因	発生度	影響度	検出度	重要度	処置内容案	処置担当部署	工程監査結果

図 8-2 ● ISO が推奨する（標準的な）工程 FMEA のワークシート
（作成：日経クロステック）

　25年くらい前になるでしょうか。トヨタグループのある生産ラインにおいて、ねじ締結の工程でトラブルに見舞われました。もちろん、工程FMEAは実施済みです。このトラブルの原因も、同じくメイン工程以外を見ていなかったことにありました。ねじ締結は、ねじを取り出す工程、締結箇所に位置決めする工程、仮締めする工程を順に経て、ようやくねじを締結する工程に移行します。ここでもやはり、メインのねじ締結工程にしか工程FMEAを実施していませんでした。

　こうした手痛い失敗から、トヨタグループは従来の工程FMEAのワークシートにおける問題点を分析し、現在はそれを改善したワークシートを採用しているのです。

工程 FMEA のワークシート、トヨタグループと ISO はここが違う

―― トヨタグループの工程 FMEA のワークシートと ISO 推奨のワークシートとは、何が違うのですか。

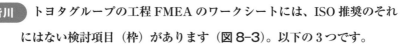

皆川　トヨタグループの工程FMEAのワークシートには、ISO推奨のそれにはない検討項目（枠）があります（図8-3）。以下の3つです。

［1］機能の分割
［2］原因防止の工程〔故障（不良）の発生防止方法〕
［3］検出方法〔故障（不良）品の流出防止方法〕

　このうち、先のサブ工程（メインに至る途中の工程）の見落としを、［1］の機能の分割で防ぎます。トヨタグループの工程FMEAのワーク

シートには、「機能」の検討項目が「工程の機能」と「機能の分割」に分かれており、「工程の機能」の枠にメイン工程で付与する機能を、「機能の分割」の枠にサブ工程で付与する機能を記述します。こうして工程の機能に関する「抜け」を防止しているのです。

工程No.	工程名	機能		故障モード	故障の影響				影響度	故障の原因	原因防止の工程（故障の発生防止方法）	発生度	検出方法（故障品の流出防止方法）	検出度	総合評価	評価	故障対策	再評価点数				評価
		工程の機能	機能の分割		製造工程への影響	影響度	お客様への影響	影響度								○ or ×	対策内容または管理方法	影響度	発生度	検出度	総合	○ or ×

図 8-3 ● トヨタグループが使う工程 FMEA のワークシート
（作成：日経クロステック）

――では、「原因防止の工程」と「検出方法」の２つの枠を、なぜトヨタグループは追加したのでしょうか。

皆川 この２つも、ISO 推奨の工程 FMEA のワークシートには「問題がある」とトヨタが考えた結果です。

ISO 推奨の工程 FMEA のワークシートは、「故障（不良）の原因」の枠の右に、「評価点」の枠があります。この枠は、さらに「発生度」「影響度」「検出度」「重要度」の４つの枠に分かれています。そのため、故障（不良）の原因を考えると、必然的に発生度から重要度までの４項目の点数付け作業に入ってしまいがちです。何点を付けるかで悩み、ここにばかり時間をかけてしまうのです。

しかし、これらの点数付けよりも、もっと大切なことがあります。

ISO推奨の工程FMEAのワークシートはそれが抜け落ちているのです。その1つが、故障（不良）を起こさないようにどのような工程にしているかという［2］の原因防止の工程〔故障（不良）の発生防止方法〕。もう1つが、万が一故障（不良）が発生したときに、それを流さないようにどのような工程にしているかという［3］の検出方法〔故障（不良）品の流出防止方法〕というわけです。

トヨタグループの良いところは、皆で議論して改善し、仕組みに落とし込んで全員に普及させることです。トヨタグループの工程FMEAのワークシートはその好例といえるでしょう。

生産技術部門だけでは議論できない

—— 工程FMEAが形骸化するもう1つの原因、すなわち生産技術部門だけで工程FMEAを行うと、何が問題なのでしょうか。

皆川　工程FMEAは、ワークシートの枠を埋めることが目的ではありません。目的は、あくまでも不具合の発生を未然に防ぐこと。従って、最も大切なのは潜在的な不具合に気付くことです。気付くことさえできれば、後はきちんと対処しさえすればよいのですから。

気付くには、関係する部門が参加して皆で議論しなければなりません。工程設計を行う生産技術部門だけの知見では、気付ける不具合に限界があります。トヨタグループでは、生産技術部門に加えて、設計部門、製造部門、品質保証部門、検査部門が工程FMEAの検討会に参加し、皆で議論します（図8-4）。これらの異なる5つの部門が議論するためには、不具合を防止する工程がどうなっているか、不良品を流さな

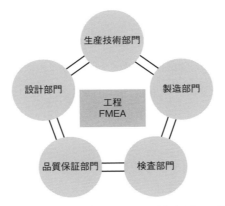

図8-4 ●トヨタグループで工程FMEAに参加する5つの部門
（作成：日経クロステック）

い工程がどうなっているかを「見える化」しておかなければなりません。だからこそ、先の通り［1］機能の分割、［2］原因防止の工程、［3］検出方法の項目を記述した工程FMEAのワークシートを作成する必要があるのです。

　ISO推奨のワークシートを使っていると、工程FMEAの検討会と称しつつ、単に「評価点」の各項目（発生度、影響度、検出度、重要度）の点数を確認するだけで終わってしまいがちです。これではまさに形骸化です。

　品質関連のさまざまな教科書を読んでも、ほぼ手法の説明に終始しています。工程FMEAでは、皆で議論して気付き、不具合の未然防止につなげることが最も大切であるにもかかわらずです。議論することの重要性を指摘する本が世の中にないのは残念です。

　——トヨタグループでは、工程FMEAの議論（検討会）にどれくらいの時

間をかけるのでしょうか。

> **皆川** 新規の生産ラインには特に時間をかけます。5部門から人が集まって最低でも2週間（10営業日）は費やします。工程FMEAの検討会が1回4時間として、4時間×10日間＝40時間といったところでしょうか。ただし各部門から2人は参加するので、延べにすると40時間×10＝400時間分の議論を行うことになります。
>
> これを生産技術部門の2人だけで行った場合、せいぜい延べ80時間に過ぎません。専門分野に偏りがある上に、議論の時間も短いのです。これを知れば、皆で議論することの大切さがよく分かると思います。
>
> 最後にもう一度言います。「工程FMEAやらずして、工程設計したとはいえない」と。

【QA ネットワーク】
これでトヨタは最小コストで不良品流出をゼロにする

トヨタグループが品質不具合（以下、不良品）の流出を防止する品質手法に **QA ネットワーク** がある。QA ネットワークとはどのようなものか。詳細を皆川氏に聞いた。

（聞き手は近岡 裕＝日経クロステック編集）

―― QA ネットワークとは何でしょうか。分かりやすく教えてください。

> 皆川

製造工程における不良品撲滅の決め手です。トヨタ自動車が考えた手法で、「全体最適」の視点で作られていることが特徴です。シンプルでありながら大きな効果が得られるという利点があります。

　不良品をゼロにするには、不良品を「発生させない」ことと「流出させない」ことが必要です。発生させないだけでは弱いため、発生防止と流出防止とで網を掛ける。これにより、不良品を撲滅するのです。

　QA ネットワークが全体最適というのは、生産ライン全体を見て最終的に不良品を出さないようにするからです。発生防止と流出防止の施策を 1 つひとつの工程でこなす必要はありません。生産ライン全体のどこかで発生防止と流出防止ができれば、不良品を市場に出すことを防ぐことができる。こうした効率的な考え方に基づく手法が QA ネットワークなのです。全体最適を考えた不具合防止手法は、これ以外にないと思います。

　工場としては不良品をゼロにしたいと思うのは当然です。それには、完全無欠の生産ラインを造ればよい。高精度な設備を導入し、自動化を徹底して、全数検査を行う……。そうした工程を1つひとつ積み上げて生産ラインを構築すれば、不良品を限りなくゼロに近づけることはできるでしょう。しかし、とんでもない費用がかかってしまう。これでは採算が合わなくなる可能性があります。

　そこで、大切な工程とそれほどではない工程をランク分けしようという考えから生まれたのが、QAネットワークです。大切なところを見極めて、レベルに合った保証の仕方を考える。メリハリをつけることでコストを抑えるという発想なのです。

トヨタの反省から生まれた

—— トヨタグループでは、QAネットワークをどのように捉えているのでしょうか。

皆川　トヨタグループにとってQAネットワークは必須です。なぜ必須かといえば、「最低コストで不良品の流出をゼロにできる」から。QAネットワークを使わなければ、無茶苦茶に費用が高い生産ラインか、もしくは不具合が頻発する生産ラインになってしまいます。QAネットワークを使っていなくても不具合の流出率が低い生産ラインがあるかもしれません。しかし、それは偶然によるもの。不具合の流出率を低く抑えられる生産ラインである確率はかなり低いはずです。

　実は、QAネットワークが出来る前はトヨタ自動車もそうでした。QAネットワークはトヨタ自動車の反省から生まれているのです。かつ

てトヨタ自動車では、不良品の流出をゼロにしようと生産ラインの全工程に「ポカヨケ」を設置したことがあります。ご存じの通り、ポカヨケとは作業ミスなどを防ぐための仕掛けのことです。これにより、確かに不良品の流出は大きく減りました。ところが、異常にコストの高い生産ラインとなってしまいました。

　これではクルマづくりが成立しません。そこで、生産ライン全体を俯瞰し、不良品を発生している工程と、流出させている工程の2つさえ押さえれば、不良品を撲滅できると気付いたのです。すなわち、発生源となっている工程と、流出源となっている工程を突き止めて、その2つの工程だけにポカヨケを設置すればよいと。例えば、30工程ある生産ラインだとして、発生源である6番目の工程と、流出源である15番目の工程だけにポカヨケを設置するのです。そうすれば、コストを最小限に抑えながら不良品を撲滅できるというわけです。

QAネットワークの進め方

—— QAネットワークを使って不良撲滅対策をどのように進めるのでしょうか。

皆川　QAネットワークでは、発生防止レベルを横軸に、流出防止レベルを縦軸に取ったマトリクスを使います（図8-5）。発生防止レベルも流出防止レベルも4段階。従って、マスが4×4＝16個のマトリクスとなります。各マスは、A〜Fのランクが図のようにあらかじめ決まっています。A〜Fの評価の中身は以下の通りです。

A：最重要品質保証項目の目標レベル

B：重要品質保証項目の目標レベル

C：一般項目の目標レベル

D〜F：不可

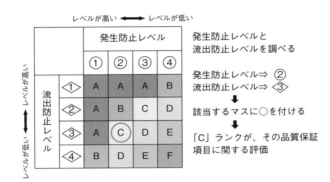

図8-5 ●QAネットワークで使うマトリクス
（作成：日経クロステック）

　発生防止レベルを横軸に、流出防止レベルを縦軸に取っている。この
マトリクスを使って不良撲滅対策を進める。このマトリクスを使い、製
品の品質として押さえるべき全ての項目（例えば、寸法精度や形状精
度、表面粗さといった製品の品質を左右する項目）について評価を行っ
ていきます。生産ライン全体の中で、各項目について不良品の「発生防
止工程」がどこか、そして、その「発生防止レベル」がどれくらいかを
調べます。同じく、「流出防止工程」がどこか、「流出防止レベル」がど
れくらいかについても調査します。

　例えば、30個の工程から成る生産ラインとし、車載用金属製品を造っ
ているとしましょう。ここで、不良品にならないように、きちんと押さ

えるべき品質保証項目として「寸法精度」を取り上げるとします。

この場合、まず、寸法精度の不具合を生み出し得る工程を「発生防止工程」として探します。例えばそれが6番目にある「切削工程」であると突き止めたら、次にその工程における「発生防止レベル」を4段階で調べます。具体的には次の①〜④のうち、相当するものを選ぶのです。

①不良が発生しない
②設備や治具を使って異常を検知する
③作業標準に従って作業する
④管理できていない

続いて、寸法精度の不具合を外に出し得る責任を負う工程を「流出防止工程」として調べます。例えば、15番目の「（寸法の）検査工程」であると分かったら、次にその工程における「流出防止レベル」を4段階で調べます。次の〈1〉〜〈4〉の中から、当てはまるものを選びます。

〈1〉不良が流出しない
〈2〉設備や治具を使って異常を検知する
〈3〉官能検査（目視検査など）を行っている
〈4〉作業標準書がない

こうして「発生防止レベル」と「流出防止レベル」を求めたら、QAネットワークのマトリクスの該当するマスに丸（図の紫色の「○」）を

付けます。例えば、「発生防止レベルが②」、「流出防止レベルが〈3〉」であれば、マトリクスの2列目×3行目のマスに「○」を付けます。すると、そこは「C」ランク、すなわち「一般項目の目標レベル」となります。

　ただし、Cランクという評価が一概に不可というわけではありません。それは、品質保証項目によるのです。例えば、ここで調べた寸法精度の要求レベルが一般的な水準で構わないのであれば、Cランクであっても合格です。これに対し、例えば重要な保安部品（安全のために搭載が法令で義務付けられている部品）の寸法精度のように、厳しい水準が求められる部品であれば「A」ランク、すなわち「最重要品質保証項目の目標レベル」にしなければなりません。他にも、排気指定品や走行機能指定品などの品質保証項目がAランクに相当します。

　つまり、この寸法精度の評価では一般的な部品なら合格ですが、ブレーキ部品のような重要保安部品であれば不合格。Aランクを目標レベルに設定し、CランクからAランクに引き上げるように発生防止工程と流出防止工程を改善しなければなりません。重要保安部品はAと決まっていますが、その他の部品のA〜Cの目標ランクは自分たちで設定します。

　QAネットワークでは、こうした調査・評価を全ての品質保証項目に関して行うのです。

コスト削減にも使える

――QAネットワークを使えば、品質保証項目が目標ランクに達している

か否かが簡単に評価できそうです。目標ランクに達していない品質保証項目を見つけ出し、それらを引き上げるために QA ネットワークを使えばよいのですね。

皆川 QA ネットワークの使い方はそれだけではありません。実は、過剰品質を防ぎ、コストを削減するためにも QA ネットワークは使えます。例えば、ある品質保証項目は C ランクで十分なのに A ランクになっていたとしたら、それは過剰品質であり、余計なコストをかけているということになります。従って、適切な水準である C ランクまで下げ、コストを下げるのです。ポカヨケを外したり検査を緩めたりしてコストを減らします。

品質保証項目の目標レベルを下げるというと、多くの日本メーカーは躊躇すると思います。品質に関することなので、「本当に下げて大丈夫なのか？」と聞かれると二の足を踏んでしまうメーカーが多いのではないでしょうか。しかし、この QA ネットワークを使えば、自信を持って「大丈夫です」と答えることが可能です。

―― 日本企業の中で、QA ネットワークはどれくらい普及しているのでしょうか。

皆川 トヨタグループ以外はあまり使っていないのではないでしょうか。本も出版されていますが、これまで企業の指導などの機会で私が聞いた限りでは「知らない」という人がほとんどです。

QA ネットワークを使わないと、いわゆる「もぐらたたき手法」になってしまいます。工程を造って不具合が出たら、その工程を改善する。また出たら、そこを改善する。こうしてなんとかやり繰りしていく。

　これでは、たまたま出た不良をたたいているだけで、発生原因も流出原因も分かっていません。従って、コストがものすごく高くなるか、穴だらけの不良対策になってしまいます。

● ●

【4 大未然防止手法】
品質問題を繰り返す企業の共通点とトヨタの未然防止の仕掛け

月 500 件の品質不具合が客先で発生している──。ある大手企業の実態
だ。品質問題の頻発に悩む日本企業が一向に減らない。「問題は、品質不具
合を未然に防止する手法を使いこなしていないことにある」と指摘するの
が、皆川氏だ。同氏にトヨタグループが実践している 4 大未然防止手法に
ついて聞いた。

（聞き手は近岡 裕＝日経クロステック編集）

── 検査不正や品質データ偽装が発覚して問題となるケースが日本で後を
絶ちません。しかし、そうした企業でも「品質に問題はない」と発表する
ケースがほとんどです。ということは、コンプライアンス（法令順守）の
問題であって、日本企業が造る製品の品質自体には問題はないと言えます
か。

皆川 品質不具合が 1 カ月当たり 500 件も発生して悩んでいる企業がありま
す。小さな企業の話ではありません。広く名を知られた大手企業の話で
す。しかも、この 500 件というのは客先トラブル、すなわち、顧客の下
で発覚した品質不具合の数です。生産ラインで発生した不良品の数では
ありません。社内で食い止められたら、まだマシかもしれません。しか
し、現実には顧客に納品してしまったものなのです。

── それは驚きです。問題になっているでしょうね。

皆川 大問題です。お客様に迷惑を掛けているのはもちろん問題ですが、マズイのはそれだけはありません。客先トラブルが500件/月ということは、社内における品質不具合の数は、そのざっと10倍はあると推測できるからです。生産工程のあちこちに、いろいろな品質不具合が隠れていることが容易に想像できます。

　2017年秋から続く品質関連の不正ニュースには多くの日本人が慣れてしまい、「大した問題ではない」と感じている人も少なくないのではないでしょうか。そう思う拠（よ）り所（どころ）は「結局は、品質が担保されているから」というものでしょう。しかし、実態は、品質不具合は一向に減っていないし、同じ、もしくは似たような品質トラブルが繰り返し発生して困っている日本企業がたくさんあるのです。

　IoT（Internet of Things）や人工知能（AI）を活用する「第4次産業革命」時代に突入し、ハードウエア的にもソフトウエア的にも、より高機能で高性能な製品が求められているという事情は分かります。それでも品質不具合を社内で最小限に抑えるべきだし、品質不具合を抱えた製品をお客様に納めることは許されません。私が知る限り、今の日本企業が品質不具合の問題とは無縁とは、とても言えません。

品質不具合を繰り返す企業の共通点

—— なぜ、そうした事態に陥っているのでしょうか。

皆川 品質不具合に関する未然防止（以下、未然防止）計画がない、もしくは実行していないからです。件（くだん）の大手企業は未然防止計画を持っていませんでした。新聞に載るほどの品質トラブルを起こした企業や、品質不

正問題が発覚した企業にも、未然防止計画がないことは容易に想像できます。持っていたらそれほど大きなトラブルにはならないし、問題が長期にわたって放置されることもないからです。

　品質不具合を繰り返す企業には共通点があります。それは、「直接原因」しか見ていないことです。品質不具合の発生と対策のパターンは大体決まっています。

(1) 品質問題が発生する

(2) 関連部署が大騒ぎする

(3) 慌てて原因を調べる

(4) 直接原因を見つける

(5) 対策を施す

(6) 安堵して終了

　ここで直接原因とは、品質不具合の表層的な原因のことです。その品質不具合を生み出した根本的な原因、トヨタグループでいうところの「真因」の追究までには至りません。そのため、対策といっても、その場しのぎの「対症療法」的な対策にとどまります。にもかかわらず、トラブルをうまく押さえ込んだと安堵して終わり。再発防止のための活動も、未然防止に向けた取り組みも見られません（図8-6）。

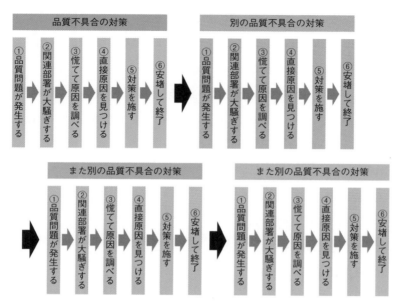

図8-6 ●品質不具合を繰り返す企業の共通点
（作成：日経クロステック）

　どんなに頑張って直接原因の対策の手を打っても、品質不具合の再発防止にはほとんど効果はありません。真因の対策を施していない以上、それが引き起こす別の品質不具合が発生する可能性が高いからです。しかし、先のパターンに従い、新たに発生した品質不具合でも同じく対症療法的な対策を施し、安堵して終わり。結果、品質不具合の発生が繰り返されるというわけです。これでは「モグラたたき」をやっているようなものです。

―― では、トヨタグループでは品質不具合についてどのように対応しているのでしょうか。

皆川　トヨタグループでは、品質不具合は未然に防ぐというのが基本的な考

えです。そして、未然防止のために品質手法を使いこなしています。具体的には次の4種類です。これらを4大未然防止手法と呼びます（図8-7）。

[1] 品質機能展開（QFD）
[2] DRBFM〔設計FMEA（故障モード影響解析）〕
[3] 工程FMEA
[4] QAネットワーク

　トヨタグループでは、こう言われています。
「QFDを実施せずに、設計の目標値を決めたとはいえない」
「DRBFMを実施せずに、設計したとはいえない」

4大未然防止手法

構想設計 ←	品質機能展開（QFD）	「QFDを実施せずに、設計の目標値を決めたとはいえない」
詳細設計 ←	DRBFM	「DRBFMを実施せずに、設計したとはいえない」
工程設計 ←	工程FMEA	「工程FMEAを実施せずに、工程設計したとはいえない」
生産ライン ←	QAネットワーク	「QAネットワークを実施せずに、生産ラインと造ったとはいえない」

図8-7 ● トヨタグループの「4大未然防止手法」
（作成：日経クロステック）

「工程 FMEA を実施せずに、工程設計したとはいえない」

「QA ネットワークを実施せずに、生産ラインを造ったとはいえない」

　鋭い人ならこれらの表現を見て気付くと思います。そう、構想設計から詳細設計、工程設計、量産工程（生産ライン）に至る幅広い工程を見渡して、品質不具合に対する未然防止の網をかけるのが、トヨタグループの考えです。いわば４重のブロック。従って、例えば生産ラインのある１箇所で不具合が発生して対症療法で済ますといった方法は、トヨタグループでは対策とは呼ばないということがよく分かると思います。

QFD は構想設計における未然防止の決め手

—— 設計のアイデア段階から製品として形にするまでの一連のものづくりの工程中で、品質不具合を未然に防ぐように動いているのですね。

皆川 その通りです。まず [1] の QFD は、構想設計における未然防止の決め手。構想設計で最も大切なのが、設計目標値の設定です。ところが、多くの企業が何の根拠もなくいきなり設計目標値を決めてしまいます。これではダメです。

　例えば、クルマを設計するとしましょう。多くの企業が構想設計を開始するやいなや、速度やトルク、出力といった設計目標値を決めてしまいます。なぜそのような設計目標値を決めたかと根拠を聞くと、よくあるのが「競合製品を少し上回ろうと思った」「従来製品を参考にした」という回答です。そういえば、「何となく決めた」と答えた設計者もいました。

　しかし、設計するのはどのような顧客向けのクルマなのでしょうか。

街中を走りやすいクルマでしょうか、山道を走り回るクルマでしょうか。それとも、ドイツのアウトバーンを疾走するクルマ？ いやいや、そのまるで逆で、田舎道の移動手段としてのクルマでしょうか。お客様は製品ではなく、機能を買うのです。アウトバーンを走りたい人に、狭い田舎道をゆっくり走るクルマを提供すれば、それはとても大きな品質不具合です。

これを未然に防ぐために QFD を使います。QFD では、お客様の声をしっかりと聞いた上で、お客様が望む機能を見いだします。そして、その機能を満足する特性を見つけ出して設計目標値を決めるのです。

—— 続いて、トヨタグループが展開している FMEA としてよく知られる DRBFM ですね。

皆川　[2] の DRBFM は、詳細設計における未然防止の決め手です。DRBFM で大切なのは、設計者だけではなく、ものづくりに関わる部門の人間全員で議論することです。議論することで潜在的な品質不具合に気付き、未然防止につながるからです。逆に言えば、その気付きのためには皆で議論しなければなりません。

この DRBFM を経て設計図面が出来上がると、それが工場側に渡されます。そこで行うのが [3] の工程 FMEA です。工程 FMEA は、工程設計の未然防止の決め手。生産ラインを造る前に実施し、品質不具合が起きないように手を打ちます。

工程 FMEA では、各工程で起こり得る品質不具合をあぶり出した上で、その品質不具合を防止する工程設計になっているか、また流出防止がどうなっているのかを、皆で議論します。これにより、品質不具合が

起きない生産ラインに造り込むのです。

QA ネットワークは生産ラインにおける未然防止の決め手

—— そして、最後が QA ネットワーク。しかし、工程 FMEA が完璧であれ
ば、この後は不要なのではありませんか。

皆川　確かに、工程 FMEA の実施結果が非の打ち所がないほど完璧なもの
であれば、理論的には不要と言えるかもしれません。しかし、現実には
工程 FMEA の未然防止の網をすり抜けた品質不具合が潜在しているも
のです。そこで、トヨタグループが実践しているのが、[4] の QA ネッ
トワークです。QA ネットワークは、生産ラインにおける未然防止の決
め手で、トヨタ自動車が考案しました。

　QA ネットワークは、生産ラインで保証すべき「保証項目」ごとに、
どこの工程で品質不具合を防ぎ、どこの工程で品質不具合の流出を防止
しているかを見て、それが目標ランクに一致しているかどうかを確認す
るものです。

　例えば、ある寸法を保証しなければならない機械構造部品があるとし
ます。この部品について加工する工程（発生防止工程）を突き止め、そ
のレベル（発生防止レベル）を調べます。続いて、もしも品質不具合が
出るとしたらどの工程（流出防止工程）か、そして、そのレベル（流出
防止レベル）がどれくらいかについても調査します。

　これら発生防止レベルと流出防止レベルを 4 段階で分け、マトリクス
にしたのが QA ネットワークです（図 8-8）。これを使って、品質不具
合のランクを確かめます。例えば、発生防止レベルが 1、流出防止レベ

ルが1ならランクA。発生防止レベルが3で、流出防止レベルが2の場合はランクCといった具合に、発生防止レベルと流出防止レベルによってランクを決める。そして、それが、自分たちが設定した目標ランクになっているかどうかを確認するのです。当然、目標ランクを下回れば品質不具合という判定になりますが、それを上回ればOKというわけではありません。その場合は「コストトラブル」と判断します。

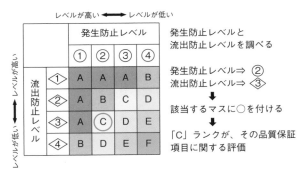

図8-8 ●QA ネットワークで使うマトリクス
（作成：日経クロステック）

　その理由は、費用をかければよいというものではないからです。全てランクAにすれば品質不具合は限りなくゼロに近づく一方で、価格が高くなり過ぎてしまう。この場合、価格という「品質」でお客様の期待を裏切ってしまうことになるのです。つまり、できる限り費用をかけずに、最小のコストで最高の品質をつくり込むために、QAネットワークがあるのです。

知らない人が多い

―― 未然防止計画とその実践は日本企業、とりわけ高品質を謳ってきた日

本の製造業にとって基本だったのではないでしょうか。それが、どうして未然防止の取り組みどころか、再発防止の活動も不十分なのでしょうか。

皆川 実は、私も当初は不思議に感じていました。しかし、企業を指導するようになって分かったのは、「知らない人」が実に多いことです。多くの人が、未然防止の大切さや必要性に気付いていないのです。ひどい場合は、「品質不具合が発生したらすぐに手を打ち、できる限りトラブルの影響が小さいうちに押さえ込むことが品質対策だ」と言う人さえいました。これでは先述の通り対症療法に過ぎませんから、未然防止の対策にはなり得ません。

こうした状態では、世の中には品質不具合を未然に防ぐための品質手法があり、それを現場で使いこなすという発想すら出てこないと思います。

―― 未然防止のために4種類の品質手法を使いこなすことを、なぜ知らない日本企業があるのでしょうか。

皆川 知らなくても、とりあえず製品が出来るからでしょう。寸法と材料程度を聞けば、何とか形になる。品質不具合が出れば、モグラたたき。「ああ、材料を変えなくちゃ」と言って、ある工程を直す。次は「溶接の電流を変えよう」、その次は「面粗度を上げないと」と、そのつど工程に修正を加えていく。しかし、次から次に顔を出すモグラ（品質不具合）を退治することはできません。その結果が500件/月の客先トラブルなのです。

もしもトヨタグループでこんなことをしていたら、「君はこんなことも知らないのか」とマネージャーやリーダーなどから厳しく叱られるこ

とでしょう。しかし、実際にはそんなことは起きないと思います。なぜ
なら、しっかりと教育しているからです。

　基本的に、トヨタグループでは社員全員が品質について教育を受けて
います。ところが、多くの企業は全社員ではなく、一部の社員だけ、例
えば自ら学ぼうと手を挙げた人だけに学ばせるケースが少なくありませ
ん。これでは一部の優秀な人は未然防止の重要性を理解できますが、他
の人はできません。先の通り、品質不具合を未然に防ぐには設計から生
産までをにらんだ４大未然防止手法の展開が必須です。しかし、教育を
受けた人が少ない企業の場合は、果たしてそこまで幅広く社内で展開で
きるかどうか……。権限を持つ優秀なリーダーの手腕次第ということに
なってしまうかもしれません。

おわりに

　「このまま放っておけば、ある日突然崩壊してもおかしくない」──。これが日本企業の品質の現状だというのが、筆者の偽らざる認識です。

　なぜなら、品質をつくり込むために必要な品質管理手法（品質手法）をきちんと学んでいない日本企業が目立つからです。たとえ品質管理手法を知っていたとしても、その手法の根底にある「本質的な考え」をしっかりと押さえているケースは、極めてまれであると言わざるを得ません。

　日本企業の製品は世界的に高品質であると、これまで評価されてきました。これは私たちの先人が残してくれた貴重な「宝」です。敗戦後、ぼろぼろになった日本は、「安かろう悪かろう」といわれたものづくりから復興に向けてスタートを切り、それこそ、文字通り血と汗と涙を流しながら現場で悪戦苦闘して、製品の品質を少しずつ高めていきました。それが結実したものこそが、高品質なのです。この宝を、我々は後世に引き継いでいかなければなりません。私たちの代で、高品質の評価を落としてはならないのです。

　そのために私たちが肝に銘じなければならないのは、「品質は1日にして成らず」ということ。ご存じの通り、古代に大発展し、世

界の中心となったローマ帝国を讃える言葉です。高品質は、しかる
べき場所に適切な品質管理手法を正しく使うことで実現できます。
しかし、大切なのは継続することです。長年の積み上げによっての
み、真の高品質を具現化できるのです。

　高品質を実現し、維持する方法はいつの時代も変わりません。ま
た、品質に王道もありません。現場で愚直に実践し続けること以外
に、成功の道はないのです。ということは、まじめにコツコツと継
続できる日本人は、世界の中で優位にあると考えることもできます。

　ぜひ、仕事の中で常に「品質とは何か」を考え続けてください。
何のために品質を向上し、維持する必要があるのかと。それを忘れ
ずにものづくりを続けることができれば、あなたが造る製品が品質
トラブルを起こすことはないでしょう。

　本書を手にした皆さんの手掛ける全ての製品の品質が向上するこ
とを心から願って筆を置きます。

2020 年 8 月　　皆川一二

トヨタ必須の17の品質管理手法を伝授

品質の教科書

| 発行日 | 2020年 8 月24日　　第 1 版第 1 刷発行 |
| | 2024年 8 月28日　　　　　第 4 刷発行 |

著者	皆川一二
発行者	浅野祐一
発行	株式会社日経BP
発売	株式会社日経BPマーケティング
	〒105-8308 東京都港区虎ノ門4-3-12
編集	松岡りか、近岡 裕
デザイン	Oruha Design（新川春男）
制作	美研プリンティング
印刷	TOPPAN クロレ株式会社

本書籍に関するお問い合わせ、ご連絡は下記にて承ります。
https://nkbp.jp/booksQA